zehn**zwanzig**

Leopoldstadt – Mensch & Bezirk

Michael Haitszinger
Klaus Prokop

*„Und fröhliche Herzen schlagen
an deinem schönen Strand."*

Franz von Gernerth
aus dem Walzer „An der schönen blauen Donau" von Johann Strauss

Z zentrums**nähe**

E euphorie**terrain**

H herzeige**objekt**

N natur**gebiet**

Z zukunfts **orientierung**

W wirtschafts**raum**

A amüsier**grätzel**

N nah**versorgung**

Z zusammen**treffen**

I innen**leben**

G gewässer**vielfalt**

Einst schlängelte sich dieser mächtige Fluss wild und ungestüm durch das Flachland des Wiener Beckens. Zahlreiche Arme bahnten sich in kleineren und größeren Nebenflüssen noch bis in die zweite Hälfte des 19. Jahrhunderts ihren Weg durch die fruchtbare Auenlandschaft unseres heutigen Stadtgebietes. Unzählige Überschwemmungen, Eisstoß und Tauflut führten schließlich zur ersten Regulierung und somit zur Zähmung des Donaustroms. Einer der dominanten Hauptarme der Donau wurde zum Donaukanal und bildet heute vom Nordwesten bis zum Südosten eine natürliche Begrenzung der Leopoldstadt zu ihren Nachbarbezirken. Mitte der 1960er-Jahre beschloss der Wiener Gemeinderat eine weitere grundlegende Umgestaltung des Donaubereichs. Mit der zweiten Donauregulierung, die am 1. März 1972 begann, wurde im ursprünglichen Überschwemmungsgebiet am linken Donauufer ein Entlastungsgerinne eingezogen, das wir heute als Neue Donau kennen. Zwischen Neuer und Alter Donau entstand die Donauinsel, ein zwanzig Kilometer langes Naherholungsgebiet für die Bevölkerung. Bereits nach dem Zweiten Weltkrieg wurde auch damit begonnen, den Donaukanal samt Ufern und dessen bauliches Umfeld zu attraktivieren und stärker in das Stadtleben zu integrieren. An den „schrägen Wies´n" begannen sich Badende und Lufthungrige zu tummeln. Die Schifffahrt etablierte sich und die Ufer des Kanals wurden zu Promenaden für Ausflügler und Stadtspazierer. Kunst- und Flohmärkte sowie unterschiedlichstes gastronomisches Angebot für Tagträumer und Nachteulen siedelten sich an den schmalen Kaiwegen an. Heute schreien Graffitis von den Ufermauern. Bänke laden zum Ruhen ein, Grünräume zum Erholen. Hier am Wasser ist die Stadt am lebendigsten. Und genau hier beginnt unsere Reise.

Am Puls der Zeit. Dynamik pur.
Wirtschaftsplatz an Stadtnatur.
Mensch im Zentrum. Schaffenskraft.
Liebe. Lachen. Leidenschaft.
Faszination am Themenstrom.
In Wort und Bild.
Voll Emotion.

Wie magisch zieht einen das Wasser an. Aufgeregt, interessiert und respektvoll nähern wir uns. Ganz fest drücken wir unser Ohr an die Stadtmauern der Leopoldstadt. Versuchen Stimmen und Stimmungen einzufangen. Vom leisen Gemurmel aus längst vergangenen Tagen über ausgelassene Fröhlichkeit unterhalb der Kanalbrücken bis hin zu den widerhallenden Schritten aus den dicht besiedelten Stadtschluchten des Zweiten ist hier alles zu hören. Einmal mehr wollen wir Gefühle und einzigartige Momente erhaschen. Und wie immer sind Kamera und Notizblock dabei unsere einzigen Begleiter. Treue Kameraden und liebgewordenes Werkzeug, die uns helfen, Erlebtes in unvergessliche Bildwelten zu bannen und emotionale Begegnungen frisch und lebendig zu halten. Begleiten Sie uns von den zentrumsnahen Ufern des Donaukanals bis zum tiefsten begehbaren Punkt unserer Stadt unterhalb des Kraftwerks Freudenau. Schwingen wir uns gemeinsam hoch in die Lüfte und betrachten diese urbane Naturoase im Herzen unserer Stadt aus einer atemberaubenden Vogelperspektive. Drehen Sie mit uns eine Runde im weltberühmten Riesenrad und amüsieren wir uns an den Buden und Ringelspielen des Wurstelpraters. Lassen Sie uns Entspannung und Ruhe in den Ausflugszielen und Parks des Bezirkes finden. Erfreuen wir uns an Kunst unter freiem Himmel oder in den Vitrinen der gut bekannten oder versteckten Schaustätten im Zweiten. Blicken wir gemeinsam durch die Fernrohre des Planetariums in die urbane Zukunft unserer Stadt.

Hier, wo sich Bildungseinrichtungen und Euphorietempel aneinanderreihen, wo sich moderne Stadtentwicklung und Gründerzeit-Architektur in friedlicher Eintracht in den Glasfassaden der Weltkonzerne spiegeln, scheint der Themenstrom, der sich aus dem Zweiten ergießt, unaufhörlich und scheinbar unerschöpflich zu sein. Stück für Stück dringen wir tiefer vor in einen Bezirk, der sich in jeder Himmelsrichtung von einer anderen Seite zeigt. Mal hektisches Treiben auf den belebten Grätzelmärkten, mal ausgelassene Fröhlichkeit an den Tummelplätzen der Wasserläufe, mal Tiefenentspannung auf saftigen Wiesen in ehemals kaiserlichen Jagdgebieten. Hier ist alles zu finden. Allen voran Abwechslung und Vielfalt.
Wie abwechslungsreich und vielfältig berichten uns auch diesmal wieder die Menschen, denen wir auf unserer Reise begegnet sind und mit denen wir sprechen durften, die in der Leopoldstadt leben oder sich hier auf ihre ganz besondere Art einbringen und engagieren. Ihre Geschichten sind seit Beginn unserer Entdeckungsreisen durch Wien ein fester Bestandteil unserer Bücher geworden. Sie hauchen den Grätzelstorys Leben ein. Lassen Sie sich von ihren Erzählungen begeistern, freuen Sie sich auf interessante und faszinierende Gespräche, auf abwechslungsreiche und sympathische Begegnungen und sehen Sie Mensch und Bezirk aus neuen Perspektiven und überraschenden Blickwinkeln.

Z zentrums**nähe**

„Wir haben genug Zeit, wenn wir sie nur richtig verwenden!“

Johann Wolfgang von Goethe

zentrums**nähe**

Über sieben Brücken musst du gehen.
In unserem Fall sind es eigentlich nur sechs, welche die Leopoldstadt vom ersten Bezirk trennen. Fest steht jedenfalls, dass die beiden Bezirke nur einige wenige Schritte voneinander entfernt sind. Was sie verbindet, ist einmal mehr das alles beherrschende Element des Wassers, und zusammen bilden sie das Zentrum und Herzstück Wiens. Hier, wo sich Einheimische und Fremde, Durchreisende und Langzeitbesucher, Studierende und Lehrende, Tagungsteilnehmer und Messepublikum sowie Sport- und Kulturinteressierte tagtäglich begegnen, wo aus Bibel, Thora und Koran in friedlicher Eintracht gelesen wird, wo gesportelt und getratscht, gelacht und getanzt, gefeiert und geliebt wird – genau hier pulsiert das Leben und pumpt seine urbane Energie in die Gassen der Leopoldstadt. Spürbare Lebendigkeit im Zentrum der Donaumetropole.

zentrums**nähe**

Wer sich bei einem Spaziergang am Donaukanal vom Wettsteinpark kommend Richtung Aspernbrücke bewegt, wird beeindruckt sein von einer abwechslungsreichen, vielseitigen und bunten Architektur entlang des Leopoldstädter Kanalufers. In unaufdringlicher Art wechselt sich Modernes mit Historischem, Backsteinbau mit Glaspalast und Bürotower mit Gemeindebau ab und bietet zahlreiche Hingucker. Bleiben Sie doch mal einen Augenblick beim Georg-Emmerling-Hof in der Obere Donaustraße 97-99 stehen und betrachten Sie die Kunstobjekte hoch oben an dessen Fassade. Oder Sie beobachten das LED-Schauspiel am UNIQA Tower, dessen Fassadengeometrie übrigens auch einiges zu bieten hat.

„Jeder Mensch hat das Recht auf Freiraum!"

raumschaffende**gemeinschaftsarchitektin**

Urbanes Wohnen hat seine eigenen Gesetze. Häufig lebt man in dicht verbautem Gebiet und verbringt viel zu viel Zeit in viel zu beengten Wohnsituationen. Oft fehlt es zudem an Rückzugsmöglichkeiten innerhalb der eigenen vier Wände und an Freiraum. An Bereichen zum Auslüften für Körper und Geist. Viele Menschen zieht es daher regelmäßig hinaus ins Grüne. Das findet man nicht nur weiter draußen abseits der Stadt, sondern meist auch in Gehweite. Doch das selbstverständliche Einbeziehen des Außenraums in den Alltag – sich etwa mit der Tasse Kaffee am Morgen hinauszusetzen oder vielleicht abends mal draußen mit seinen Nachbarn zu plaudern – verträgt auch keine allzu große Gehweite. Das braucht Freiraum unmittelbar vor der Tür. Was, wenn wir uns diese kleinen Freiräume in die Stadt holen? Einfach direkt vor unsere Häuser.

Caren Ohrhallinger möchte das. Und tut das auch. Die gelernte Architektin, die 1976 im oberösterreichischen Braunau zur Welt kam, legt ihren Fokus klar auf das Thema öffentlicher Raum. Was im eigenen Raum nicht möglich ist, sollte im öffentlichen Raum vorhanden sein. Möglichst nahe und gut erreichbar. „Ich liebe den öffentlichen Raum und sehe ihn als allen gehörend", erzählt uns Caren, die übrigens genau so ein Stückchen Gemeinschaftsfläche direkt vor ihrem Haus im Karmeliterviertel für sich selbst und uns alle zurückerobert hat. Tisch, Bänke, Pflanzen – so einfach lautet das Rezept der Planungsexpertin für die Schaffung einer Begegnungszone. „Für einen langfristig flächen- und energieeffizienten Lebensstil müssen wir die Stadt noch viel lebenswerter machen", sagt Caren und betont, dass es dafür noch viel mehr dieser Begegnungszonen und Grüninseln braucht, um den Menschen auch ohne eigenen Garten ein Stück Freiraum vor ihrer Haustür zu ermöglichen. „Vor allem auch deswegen, um die Menschen, kaum dass sie Kinder haben, nicht raus in den Speckgürtel zu vertreiben", ergänzt die Stadtplanerin.

Seit 2002 ist Caren Partnerin bei nonconform, einem etwas anderen Architekturbüro. Hier sucht und findet man partizipativ Ideen, plant Projekte, entwickelt und realisiert diese. „Wir schaffen nicht einfach Architektur – wir schaffen Möglichkeitsräume, befähigen Menschen, erarbeiten gemeinsam Zukunftsbilder, entwickeln Leuchtturmprojekte und setzen mit Planungsexpertise um", erklärt Caren die Vision und Arbeitsmethode von nonconform. Ihre persönlichen Schwerpunkte liegen in der partizipativen Ortskern- und Stadtentwicklung sowie in der Schulraum- und Organisationsentwicklung mit dem Fokus auf die Verschränkung mit der räumlichen Aufwertung von Unternehmen. Am liebsten spinnt sie Geschichten, die sich um menschliche Dynamiken drehen. Caren versteht sich als Ermöglicherin, sowohl mit den Menschen, mit denen sie im Team zusammenarbeitet, als auch bei ihren Projekten im Kontext von räumlichen Entwicklungsaufgaben.

Sie hat Freude daran, bei Menschen etwas zu bewegen, ihnen zu einem tieferen Verständnis von Herausforderungen zu verhelfen, mit ihnen gemeinsam zu reflektieren und Dinge weiterzuentwickeln. Seitdem sie im Bezirk zweimal umgezogen ist, sieht sich Caren mittlerweile als extrem sesshaft. „Wenn ich nicht muss, bewege ich mich über den Umkreis von 300 Metern nicht hinaus", lacht sie und schätzt ihre samstagnachmittäglichen Marktrituale in ihrer unmittelbaren Umgebung.

Caren ist auch Obfrau des Vereins Gemeinschaftsgarten Donaukanal, der 2013 mit nur fünf Beeten gegründet wurde und wo mittlerweile an die 40 Mitglieder ihre Liebe zum Garteln teilen. Ein Ort der Begegnung, Erholung und Kreativität. Und das ganz ohne Konsumzwang. Auch das kann unsere Stadt, wenn man engagierte Menschen wie Caren tun lässt. Abschließend richten sich ihr Appell und ihre Bitte nach mehr Niederschwelligkeit und Unterstützung zur Umsetzung solcher Begegnungsinseln an die Verantwortlichen unserer Stadt.

Mag. Caren Ohrhallinger
zehn**zwanzig** - Große Schiffgasse

WE BLAME SOCIETY WHEN WE
9

Was der Tiber in Rom, die Seine in Paris oder die Spree in Berlin ist, das ist bei uns in Wien zweifelsohne der Donaukanal. Einst einer der kräftigsten Donauarme, fließt er heute, als gezähmter und gut verstauter Stadtstrom, gemächlich von Nussdorf bis hinunter zum Praterspitz an der Grenze zu Simmering. Auf ihrem über 17 Kilometer langen Weg bietet die „Kleine Donau", wie sie ursprünglich heißen sollte, alles, was sich Flanierer, Läufer und Radler an natürlichem Bewegungsraum wünschen. Und die Freunde eines abwechslungsreichen Gastroangebotes kommen weder bei Tag noch in den Abend- oder Nachtstunden zu kurz.

Michael Kainz ist ein Weltverbesserer. Er ist ein politisch aktiver, kritisch denkender und sozial engagierter Zeitgenosse. Jemand, der sich Gedanken über unsere Zukunft macht. Und handelt. Der gelernte Maschinenbauingenieur, der 1962 in Wien geboren wurde, ist heute Marken-Geschäftsführer bei digitalworld Academy, einem Unternehmen, das sich auf „Kurse für eine digitale Welt" spezialisiert hat. In einfachen Worten ausgedrückt bietet man dort Wissen für erfolgreiches Online-Marketing an. Wer also möchte oder es beruflich braucht, verbessert mit den Lehrgängen der digitalworld Academy seine digitale Kompetenz. Und genau hier hat Michael seine Stärke. Seit Jahren lebt er ein größtenteils digitales Leben, liest Zeitungen online, bezahlt mit seiner Smartwatch und erklärt uns, warum wir keine Angst vor der Zukunft haben müssen. „Das Beste kommt zum Schluss", sagt Michael und ist überzeugt, dass wir uns Schritt für Schritt einer positiven Zukunft nähern. Als Befürworter des bedingungslosen Grundeinkommens engagiert sich Michael auch politisch. Über Stationen bei den NEOS, den Grünen und dem Wandel agiert er aktuell in und mit einer Splittergruppe des Wandels. „Die Masse der Menschen möchte in Ruhe und Frieden und mit einem Gefühl der Sicherheit, was das Einkommen betrifft, leben", sagt Michael. Er ist der Überzeugung, dass die Gesellschaft den Bürgern Leistungen zur Verfügung stellen muss. Gratisbildung, kostenlose Öffis und Wohnungen. Automatisierung, artificial intelligence, Web 3.0 und Digitalisierung schaffen Möglichkeiten für ein entspannteres Leben.

Das Geld für all das, so meint Michael, ist an den großen Kapitalmärkten dafür ausreichend vorhanden. „Wir müssen mit dieser modernen Art der Sklaverei Schluss machen", ersehnt sich der Visionär eine Zukunft, in der wir Arbeit verrichten, die wir wollen, nicht müssen. Seine Gedanken versucht er auch gerade in Form einer Buchtrilogie, die sich mit den Widerständen in uns selbst beschäftigt, festzuhalten. „Ich schreibe seit vielen Jahren und bin wahrscheinlich noch bis zum Ende meines Lebens damit beschäftigt", witzelt Michael, der auch gerne Europa mit seinem Wohnmobil bereist. Als das Dümmste, das er je in seinem Leben gemacht hat, bezeichnet er einen Segeltörn mit einem kleinen Schiff vor der Küste Jamaikas. Bei Starkwind und mit einem Glücksgefühl pur segelte er dabei auf einer fantastischen Welle einfach so lange aufs offene Meer, bis kein Land mehr in Sicht war. Zum Glück gabelte ihn Stunden später eine Motorjacht auf. Für den Abenteurer ist der „Himmel das Limit" und „nichts unmöglich, was man wirklich tun möchte". Der Hobbybastler mit einer „starken räumlichen Vorstellungskraft" liebt es, sich zu Hause und bei diversen Projekten handwerklich zu betätigen. In der Leopoldstadt zieht es ihn regelmäßig auf den vom Büro nahegelegenen Karmelitermarkt. Die Atmosphäre dieses gentrifizierten, multikulturellen Bezirkes, wie Michael den Zweiten sieht, zieht viele junge Menschen an. Sich selbst erkennt er als einen gutmütigen Menschen mit leichter Asperger-Diagnose und einer Spur Sozialphobie. Wir danken für ein äußerst bereicherndes Gespräch mit neuen Aspekten zum Nachdenken. Und Nachahmen.

Michael Kainz

zehn**zwanzig** - Große Schiffgasse

„Die Leopoldstadt ist der bessere erste Bezirk!"

Zwischen Donaukanal und Vorgartenstraße vorbei an Karmeliter-, Volkert- und Alliiertenviertel verläuft eine der ältesten Straßen Wiens, die etwa 2,5 Kilometer lange Taborstraße. Die Bezeichnung Tabor leitet sich übrigens von einer „spätmittelalterlichen oder frühneuzeitlichen Wehranlage" ab, welche üblicherweise in der Nähe von Kirchen errichtet wurde. Bereits im 15. Jahrhundert entstanden am stadtseitigen Beginn der Taborstraße, quasi vor den Toren Wiens, die ersten Gasthöfe für Durchreisende. 1614 siedelten sich auch die Barmherzigen Brüder an, die hier bis heute das gleichnamige Krankenhaus betreiben.

Was Sie vielleicht nicht wussten: Im März 2011 wurde die Verlängerung der Taborstraße beschlossen. Sie unterquert nun die Nordbahn und führt über die Bruno-Marek-Allee bis zur Vorgartenstraße.

Das Hotel Stefanie ist das älteste Hotel in Wien. Die Erzählungen zu den Anfängen reichen bis in das Mittelalter zurück. Und wir erfahren es von einem, der es wissen muss. Immerhin ist er bereits seit 30 Jahren im Haus und hat sich ein ebenso breites wie tiefes Wissen über die traditionsreiche Unterkunft auf der Taborstraße 12 angeeignet.
Andreas Spadt, der 1970 im burgenländischen Oberpullendorf zur Welt kam, ist der Concierge im Hotel. Er erzählt uns, dass es im Wien der jüngeren Neuzeit nicht erlaubt war, Pferde über Nacht in der Innenstadt einzustellen. Die Tiere wurden daher etwas außerhalb in Einkehrgasthöfen mit Stallungen untergebracht und versorgt. Eine ebensolche Herberge stand also auch vor über 400 Jahren schon an diesem Ort. Und wie gesagt, ist Andreas bereits drei Jahrzehnte davon ein Teil dieser aufregenden und spannenden Reise durch die Geschichte Wiens. Eine Geschichte, die Andreas gekonnt und facettenreich zu erzählen weiß. „Ich versuche bei jedem Gast immer herauszufinden, was ihn oder sie besonders interessieren könnte", sagt Andreas. Ein schöner und möglichst unvergesslicher Aufenthalt seiner Gäste ist für ihn das Wichtigste. Die Menschen reisen aus aller Herren Länder an, um im Stefanie zu residieren. Aufgrund der Bezirksgeschichte kommen traditionell auch viele jüdische Gäste hierher. „Von Brooklyn bis Israel, von Amerika bis Asien – die Gastfreundlichkeit unseres Hauses hat sich bereits in der ganzen Welt herumgesprochen", ist Andreas stolz. Der Concierge liebt und lebt seinen Beruf. Authentizität und Ehrlichkeit sind ihm dabei besonders wichtig. „Ich versuche mit meinen Geschichten über die schönen Plätze in unserer einzigartigen Stadt, Bilder in den Köpfen der Leute entstehen zu lassen und sie zu begeistern," erzählt Andreas. Obwohl er eine kleine Wohnung in Wien hat, lebt Andreas mit seiner Frau und den beiden Söhnen seit Jahren wieder im Burgenland. Tagtäglich steht der disziplinierte Hotelprofi um vier Uhr früh auf und pendelt mit dem öffentlichen Bus nach Wien, um pünktlich um sieben Uhr seinen Dienst anzutreten. Mit etwa 40.000 Nächtigungen pro Jahr und einer durchschnittlichen Auslastung von 90 Prozent zählt das altehrwürdige Stadthotel, welches sich im Besitz von Dr. Martin Schick befindet, zu einem der beliebtesten Hotels unserer Stadt. Nach seiner Matura, dem Abschluss eines Tourismus-Kollegs in Oberwart und einigen interessanten Praktika in der Branche war das Stefanie die erste Daueranstellung für Andreas. In seinen ersten Jahren im Hotel studierte er parallel Betriebswirtschaft und schloss dieses Studium auch erfolgreich ab.
„Bildung schadet nicht", lächelt Andreas. In seiner Freizeit, die er natürlich überwiegend mit der Familie verbringt, fährt er gerne Rad, liest oder trifft sich mit Freunden. „Manchmal fahre ich mit meiner alten Karmann Ghia oder meiner DS 50 aus", womit ein Volkswagen-Oldtimer sowie ein Puch-Moped gemeint sind. Beide stammen noch vom Vater und haben nostalgischen Wert für Andreas.
„Vereint in Diversität", so beschreibt der Concierge die Leopoldstadt, welche mittlerweile seine zweite Heimat geworden ist. „Der Donaukanal, der Augarten, der Prater – der zweite Bezirk ist zentral, hat aber durch die großzügigen Grünanlagen etwas Ländliches. Schnell ist man im Trubel der Inneren Stadt, genau so schnell ist man wieder zurück. Und wenn man es ruhiger mag, kann man abseits der bekannten Pfade einiges an Sehenswürdigkeiten, Lokalen und Geschäften entdecken", fasst Andreas zusammen. Sein Name Spadt, so erzählt er uns zum Abschluss unseres Gespräches noch, stammt übrigens vom lateinischen Wort „Spatha", womit „Breite Klinge" gemeint ist. Seine Vorfahren waren also Waffenschmiede, die äußerst scharfe Einhandschwerter herstellten. Als äußerst scharfsinnig, eloquent und vor allem überaus humorvoll resümmieren auch wir unser Gespräch mit dem charmanten Rezeptionschef vom Hotel Stefanie.

Mag. Andreas Spadt

zehn**zwanzig** - Taborstraße

„Wissen kann Selbstzweck sein. Es muss keinen monetären Wert haben!"

Euphorieterrain

„Der Ball ist rund und ein Spiel dauert 90 Minuten!"

Sepp Herberger

euphorie**terrain**

Es läuft nicht schlecht im Zweiten.
Der große Ernst Happel hat eines Tages treffend bemerkt: „Ein Tag ohne Fußball ist ein verlorener Tag.“ Seine Liebe zu diesem Sport und nicht zuletzt seine großen Erfolge als Spieler und Trainer haben dem Wiener Praterstadion ab 1992 zu Recht den Namen „Ernst-Happel-Stadion“ beschert.
Aber auch sonst zeigt sich die Leopoldstadt in Bestform. Ganz egal ob drinnen oder draußen – es wird gekickt, es werden Körbe geworfen und Federbälle gesmasht, es wird gekrault, hoch oder weit gesprungen, aufgeschlagen und eingenetzt. Und gelaufen. Gerade die Prater Hauptallee ist mit dem Laufsport eng verbunden. Das muss hier geschehen, das gehört hier einfach hin. Einmal jährlich zieht auch der Vienna City Marathon seine Laufschleifen durch diesen sportlichen Bezirk. Die Leopoldstadt zeigt sich topfit, wenn es um Breiten-, Hobby- oder Spitzensport jeglicher Art geht. Ein ideales Terrain also für Laktat- und Endorphin-Junkies, für Ausgleichssportler und jene, die nach begehrtem Edelmetall greifen. Und ganz egal auf welchem Level Sie sich bewegen, Tiger Woods brachte es so schön auf den Punkt: „Du kannst immer noch besser werden.“

Er hat uns darum gebeten, dass es keine Heldengeschichte wird. Dass wir versuchen sollen, seine Story möglichst nüchtern und neutral zu erzählen. Ehrlich gesagt: Leicht fällt uns das nicht. Zu viel an seinen Erzählungen aus Kindheit und den jungen Jahren in einem kleinen tansanischen Bauerndorf ist schon alleine in seiner nüchternsten Darstellung heldenhaft. Alfred Sungi wurde 1969 in eine Bauern-familie geboren. Das Dorf der Familie, etwa 20 Kilometer entfernt von der großen lebendigen Stadt Singida, bildete das Universum für Alfred. Hier fand das Leben statt. In seiner vollen Pracht und in seiner vollen Härte. Aufgewachsen mit sechs Brüdern und vor allem von den Großeltern erzogen, da Alfreds alleinerziehende Mutter als Kranken-schwester in Singida arbeitete. Es gab zwar eine Schule, aber ob man Zeit dafür hatte, hing in erster Linie von seinen Tagesaufgaben ab. Ob man Feuerholz oder Wasser holen musste, die Tiere zu versorgen hatte oder gerade Feldarbeit anstand. Und Arbeit gab es täglich genug. Auf ihren spärlichen Feldern baute die Familie je nach Saison Süßkartoffel, Mais oder Getreide an. Gesät, gedüngt und geernet wurde natürlich händisch. Welche Zeit für welche Arbeit am günstigsten war, verrieten den Bauern nur Sonne, Mond und Sterne. „Die Uhrzeit haben wir am wandernden Schatten eines Holzstocks abgelesen", erzählt Alfred, der bereits im Alter von zehn Jahren einen muskulösen Körper „wie ein Bodybuilder" hatte. Täglich wurden enorme Strecken zurückgelegt, um Trinkwasser sowie Bau- oder Feuerholz zu holen. „Als afrikanisches Kind wächst du so auf, dass du alles selber organisieren musst. Du bist auf dich alleine gestellt und wirst von ganz alleine zum Manager", lacht Alfred, der erst mit vierzehn Jahren seine ersten richtigen Schuhe bekam. Bei einem Besuch seiner Mutter in der Stadt nahm er eines Tages ein paar Eier mit und verkaufte oder tauschte diese gegen Sachen wie Ku-gelschreiber, Radiergummis oder Zuckerrohr-Toffees ein, die er wiederum in der Schule anbot. Aus den ersten Anfängen entwickelte sich ein gutes Geschäft und Alfred konnte einen kleinen Stand am Rande des großen Marktes in Singida ergattern. Dort verkaufte er Tomaten, Zwiebeln und Kartoffeln aus seinem Dorf. Anfangs bewältigte er die 38 Kilomenter hin und zurück noch zu Fuß, später mit dem Rad. „Ich bin um fünf Uhr in der Früh aufgestanden und laufen gegangen, um mich fit zu halten", erinnert sich Alfred, der später auch in der zweiten Mannschaft von Singida sehr erfolgreich Fußball spielte.

Anfang der 1990er-Jahre ereilte ihn dann ein Anruf einer Tante, die bereits seit 1975 in Wien lebte. Sie brauchte Alfreds Unterstützung und er kam. Als Krankenpfleger-Praktikant jobbte er in einem Wiener Pensio-nistenheim und wo er konnte, eignete er sich Wissen an und holte an der HTL Spengergasse sogar noch die 9. und 10. Klasse nach. Darüber hinaus widmete er auch weiterhin sein Leben dem Sport. Nach einem kurzen Intermezzo als Boxer landete er schließlich endgültig beim Laufen und in der Leopoldstadt. „Am liebsten bin ich in der Hauptallee oder am Donaukanal", lacht Alfred, der unzählige Erfolge bei Marathon-, Halb-marathon-, Cross-Country- und Bergläufen feiern konnte. Sein Leben finanzierte sich der ehrgeizige Allrounder überwiegend mit Fahrradbo-tendiensten. „Ich war über zwanzig Jahre lang mit meinem Lastenrad unterwegs und habe etwa eine Million Kilometer zurückgelegt", ist Alfred stolz, der heute auch ausgebildeter Mentaltrainer, Sprachlehrer sowie Fitness- und Laufcoach ist. Als gläubiger Christ, der die Bibel als „ein sehr schlaues Buch" bezeichnet, ist er heute sehr dankbar, nach Österreich gekommen zu sein. Und gerade die Leopoldstadt hat ihm nicht nur ein perfektes Zuhause geschenkt, sondern ermöglicht ihm auch ein ideales Umfeld für seine sportlichen Aktivitäten. Mit seinen Laufveranstaltungen engagiert sich Alfred seit Jahren für behinderte Kinder und hat außerdem schon über 5.000 Paar Schuhe für Afrika und die Dritte Welt gesammelt. Es tut uns wirklich schrecklich leid, lieber Alfred, aber so sehen nun mal wahre Heldengeschichten aus.

Alfred Sungi

zehn**zwanzig** - Rotensterngasse

„Tue was Gutes
und vergiss nie:
Lächeln kostet nichts!"

Hakoah bedeutet übersetzt „Kraft" und ist ein jüdischer Sportverein in der Wehlistraße unweit des Ernst-Happel-Stadions. Ursprünglich zur *„Pflege des Fußballspieles, der Leicht- und Schwer-Athletik, des Winter- und Wasser-Sportes"* gegründet, wurde die Vereinigung mit dem Anschluss an Nazideutschland zerschlagen. Heute besteht der Sportverein aus den Sektionen Basketball, Bowling, Judo, Karate, Leichtathletik, Schwimmen, Tennis, Tischtennis und Ski & Touristik.

Sport spielt eine große Rolle hier im Zweiten.

DeR

Es wäre ein Fauxpas, in seiner Nähe von „Pingpong" zu sprechen. Wahrscheinlich gerade so, als würde man einen Badminton-Spieler zu einer Partie Federball bitten. Das geht einfach nicht. Nicht wenn man einen derartigen Tischtennis-Fachmann vor sich hat.

Andreas Kopriva wurde 1971 in Wien geboren. Dass sein Leben mit Sport gefüllt sein sollte, wusste er bereits als kleines Kind. „Ich habe bis zu meinem 12. Lebensjahr Fußball beim FAC gespielt", erzählt Andreas, der mit Stolz berichtet, dass er sogar Meister bei den B-Schülern vor Austria und Rapid wurde. Seine zweite große Liebe aber galt von klein auf schon dem Tischtennissport. Und irgendwie bot sich das Spiel mit dem nur 3 Gramm schweren Ball dann doch mehr an und Andreas begann bei einem Verein zu spielen. Die Liste seiner sportlichen Erfolge, die im Laufe der späteren Jahre folgen sollten, wäre wohl zu lange, um sie hier abzudrucken. Ein paar wichtige, wie der Gewinn der Wiener sowie der Niederösterreichischen Meisterschaften im Jugend-Doppel oder der Vize-Meistertitel in der 1. Tischtennis-Bundesliga, sollten aber dann doch erwähnt werden. Außerdem spielte Andreas im Österreichischen Junioren-Nationalteam, wofür ihm jedenfalls Respekt und Anerkennung gebührt. Auch später in der Seniorenklasse erzielte der leidenschaftliche Sportler noch ebenso beachtenswerte Erfolge.

Neben seiner sportlichen Karriere absolvierte Andreas eine Lehre zum Industriekaufmann. Rasch merkte er, dass seine berufliche Heimat im Handel, genauer gesagt im Tischtennis-Fachhandel, zu finden sei. Erst als Angestellter und bald darauf als Unternehmer mit eigenem Geschäft lernte er das Business von der Pike auf. Sein Wissen rund um Ein- und Verkauf, die Sortimentsgestaltung sowie das Erkennen und Befriedigen von Trends machen Andreas heute zu einem Fachmann auf seinem Gebiet.

In seinen beiden Verkaufsläden auf der Schmelz und in der Hollandstraße berät und bedient Andreas Profi- und Hobbyspieler gleichermaßen und beliefert heute zudem große Vereine in ganz Österreich. Wann auch immer es ihm möglich ist, betätigt er sich auch außerhalb seiner Tischtenniswelt sportlich. Am liebsten ist er draußen in der Natur und tankt Kraft beim Laufen, Radfahren oder Wandern. Vieles davon ist in der Leopoldstadt möglich. „Die Prater Hauptallee ist ein ideales Trainingsumfeld für mich", freut sich Andreas, der auch privat seit vielen Jahren im Zweiten wohnt. Im Bezirk schätzt er die „zufriedenen, ausgeglichenen Menschen" und hält sich gerne am Karmelitermarkt auf – einer für ihn äußerst „chilligen Gegend".

Auf die Frage, was er unbedingt noch in seinem Leben tun möchte, antwortet Andreas bescheiden: „Ich möchte gerne im Schweizerhaus in einer größeren Freundesrunde gesund und glücklich meinen 80er feiern." Für die Menschheit ingesamt wünscht er sich, dass niemand mehr Leid ertragen muss. Andreas ist aber nicht nur ein Mensch mit einem besonders großen Herzen, sondern auch ein geselliger und witziger Zeitgenosse. So erfahren wir von einem ebenso lustigen wie peinlichen Striptease, den er anlässlich seines Geburtstages vor versammelter Runde in seinem Stammlokal hinlegte.

Und weil wir es zum Schluss genau wissen möchten, fragen wir den Experten, warum die Chinesen uns dann doch immer so haushoch überlegen sind bei diesem Spiel. „Natürlich", meint Andreas „lässt sich in einem Land, in dem Tischtennis der Nationalsport schlechthin ist und wo man mehr als eine Milliarde Einwohner zur Verfügung hat, das eine oder andere Talent entdecken." Aber als mindestens ebenso ausschlaggebend für den Erfolg der Spieler aus dem Fernen Osten sind dann doch wohl die Disziplin und die bedingungslose Trainingshärte in China. Angesichts eines 8 bis 10 Stunden täglichen Trainings im Fernen Osten gehen wir es dann hierzulande aber doch lieber etwas gemächlicher an. Auch nicht ganz erfolglos, wie uns Andreas bewiesen hat.

Andreas Kopriva

zehn**zwanzig** - Engerthstraße

„Es hat alles einen Sinn, was mir widerfährt!"

H herzeigeobjekt

„Freude ist die Fähigkeit,
in der wir uns üben sollten!"

Dalai Lama

herzeige**objekt**

Guckfenster in die Vergangenheit.
Genau so könnte man die Museen und Ausstellungen in der Leopoldstadt wohl nennen. Für kurze Momente lassen sie uns zurückblicken. Zurück in die bewegte und bewegende Vergangenheit von Stadt und Bezirk. Sie nehmen uns mit auf eine Zeitreise, die abwechslungsreicher und spannender nicht sein könnte. Nehmen Sie sich die Zeit und zollen Sie den vielen engagierten Kustoden und Kustodinnen, Museumsverantwortlichen und vor allem den hunderten ehrenamtlichen Menschen Ihren Respekt und Ihre Wertschätzung. Sie sind es, die Geschichte lebendig gestalten.

Geheimtipp – oder vielmehr „Geh-hin-Tipp"!
Im Oktober findet bereits seit Jahren die „Lange Nacht der Museen" in Wien und in ganz Österreich statt. Mit nur einem Ticket stehen Ihnen dabei eine Vielzahl an Museumstüren offen und laden zum Besuch ein. Dass sich fast alle Ausstellungen hier auch immer wieder spannende, lustige und abwechslungsreiche Zusatzangebote zu ihren Dauerausstellungen einfallen lassen, versteht sich von selbst. Bis ein Uhr nachts können Kulturinteressierte durch die Schautempel der Leopoldstadt streifen.
Viel Vergüngen!

Irgendwann anagrammierte er sich durch seinen Namen und verpasste sich selbst das Pseudonym „Karo". Und das ist gut so, braucht doch jeder anständige Künstler auch einen anständigen Künstlernamen. Seine Kunst war und ist die Zauberei. Schon als Kind früh mit einem Zauberbuch ausgestattet, begann er mit ersten Kartentricks und zog schon damals so manche Überraschung aus dem Hut. Dass sich Illusion und Magie wie ein roter Faden durch sein Leben ziehen würden, war ihm schon in jungen Jahren klar. Und recht hatte er.

Robert „Karo" Kaldy, der 1951 in Wien geboren wurde, wuchs in einem „gutbürgerlichen Haushalt mit Köchin und Dienstmädchen auf", wie er uns mit seinem charmanten Lächeln erzählt. Im Anschluss an seine Schulzeit begann er eine Autoelektriker-Lehre und arbeitete unter anderem auch für das Bosch Racing Team von Niki Lauda. Nach seiner Ausbildung und dem Bundesheerdienst landete Robert bei der Feuerwehr, wo er insgesamt 35 Dienstjahre absolvieren sollte und es bis zum Dienstrang des Hauptbrandmeisters brachte. „Durch meinen Radldienst konnte ich immer meiner Zauberleidenschaft nachgehen, Programme spielen und sogar auf Tournee gehen", erinnert sich der Illusionist zurück. Schon im Alter von 25 Jahren war er stolzer Besitzer eines 100-Personen-Theaters in Ottakring und begeisterte sein Publikum mit abwechslungsreichen Zaubershows. In den frühen 1980er-Jahren kam er dann zum Circusmuseum, das sich damals noch in der Karmelitergasse befand. Begeistert von der bunten Vielfalt an skurrilen, exotischen, extravaganten und manchmal auch befremdlichen Schaustücken, ergänzte Robert die Ausstellung auch mit eigenen Exponaten seiner Privatsammlung. So beispielsweise mit kleinen Flaschen, in die winzige Holzkunstwerke eingebaut sind, die Kreuzigungs- und andere religiöse Szenen darstellen. „Ich besitze eine etwa 3 Zentimeter große Flasche mit dem kleinsten Elfenbein-Modell der Welt", ist Robert stolz auf das Meisterwerk. Ausgestellt wird dieses, zusammen mit unzähligen weiteren Schaustücken, im Panoptikum, einer Sammlung wundersamer und ausgefallener Exponate, zu der es für die Besucherinnen und Besucher des Circus- & Clownmuseums am Leopoldstädter Ilgplatz, wo das Museum 2011 hin übersiedelte, auch so manch aufregende Story zu erzählen gibt. Insgesamt sind im Museum an die 40.000 Exponate aus der Zirkuswelt zu bestaunen. Einige Leckerbissen stammen beispielsweise noch aus einem der letzten Zirkus-Festbauten Wiens, dem Zirkus Renz. Unter anderem ein Pferdekopf aus Stein von einem Gesims am Gebäude, eines der letzten Pferdegeschirre und

sogar ein Original-Anzug des Direktors aus 1880, der zu diesem Zeitpunkt übrigens einer der reichsten Europäer war. „Bei uns sind nur originale Stücke zu sehen", berichtet Robert, der am gleichen Standort im Zweiten auch das 1. Wiener Zaubertheater betreibt und dessen Direktor er von 1978 bis zu seiner Pensionierung war. Es gibt Orte, an denen es nicht leichtfällt, sich sattzusehen. Ganz egal, in welche Richtung man seinen Blick im Circus- & Clownmuseum auch wendet, überall lachen einem lebensgroße Figuren entgegen und erzählen die wunderbare Geschichte von den Zirkussen unserer Stadt sowie aus dem Wiener Prater mit all seinen Skurrilitäten und Attraktionen. Der spanische Clown Charlie Rivel meinte einmal: „Jeder Mensch ist ein Clown, aber nur wenige haben den Mut, es zu zeigen." Es ist eine Gabe, den Menschen ein Lächeln auf die Lippen und ein Funkeln in ihre Augen zu zaubern. Sie in eine Welt aus übergroßen Latschen, wasserspritzenden Nelken, rotleuchtenden Schaumstoffnasen, großgemusterten Fleckerljacken und buntgeschminkten Schmunzelgesichtern zu entführen und dort zu begeistern. Robert Kaldy zog sich 2005 ins Privatleben zurück, ist aber bis heute eng mit dem Museum verbunden und übt sein Ehrenamt als Alt-Präsident immer noch mit Freude und Stolz aus.

Robert „Karo" Kaldy

zehn**zwanzig** - Circus- & Clownmuseum, Ilgplatz

„Mit den Füßen in der Vergangenheit und mit dem Kopf in der Zukunft!"

2., Lili-Grün-Platz
Max-Winter-Platz
2., Handelskai
Bauwerke

Zeigt her, was ihr zu bieten habt.
Und das ist jede Menge, so viel darf schon mal verraten werden. Insgesamt befinden sich sechs Museen in der Leopoldstadt, die unterschiedlicher gar nicht sein könnten. Von der traditionsreichen Augarten Porzellanausstellung über hunderte Exponate aus der Geschichte des Zweiten im Bezirksmuseum bis hin zum Museum des Blindenwesens, dem Circus- & Clownmuseum sowie dem Prater- und dem Wiener Kriminalmuseum, dessen Schaustücke so manchem Besucher einen kalten Schauer über den Rücken laufen lassen. Ein abwechslungsreiches Angebot für Auge, Geist und Seele. Kommen Sie! Staunen Sie!

Nie enden wollender Augenschmaus.
Zum Beispiel im Pratermuseum im Planetarium, welches übrigens 2024 seine neuen Räumlichkeiten auf der Straße des 1. Mai beziehen wird. Die Ausstellung erlaubt tiefe Einblicke in die bewegte Geschichte des Praters. Prädikat: „Sehenswert!"
Gratulation auch den Machern und Betreibern des Circus- & Clown-museums am Ilgplatz. Mit Plakaten, Kostümen und unzähligen Requisiten wird hier die bunte, lebendige und mitunter skurrile Geschichte der Unterhaltung in Wien erzählt. Prater, Zirkus, Zauberkunst.

Grenzenlose Bekanntheit.
Seit 300 Jahren produziert die Porzellanmanufaktur Augarten in der Leopoldstadt feinste Tafelware sowie erlesene Ziergegenstände in einzigartiger Handarbeit. Die Liebe zum Porzellan und zum Detail sind jedem Stück des Traditionsunternehmens anzusehen. Das Museum zeigt die Geschichte des Wiener Porzellans in seinen unterschiedlichen künstlerischen Phasen. Interessierte erfahren mehr über die Produktionsschritte der Manufaktur und lernen die wesentlichen Ingredienzien des Porzellans kennen: Kaolin, Feldspat und Quarz.

Langsam gibt die flirrende Luft seine bleichen Umrisse frei. Verschwommen taucht der drahtige Körper aus der feucht-schwülen Luft am Rande des Wochenmarktes auf. Das Abendrot in seinem Rücken zieht die Blicke der Menschen an. Staunend beobachten sie das elegante Schattenspiel, das sich langsam nähert. Ruhig und selbstsicher setzt er einen Fuß vor den anderen, während er sich zielstrebig seinen Weg durch die Stände bahnt. Hin zu ihr. Zu dieser vollkommenen Schönheit. Der beige Leinenanzug sitzt perfekt. Lässig tippt er sich an die Hutkrempe und begrüßt die Männer und Frauen ringsum an ihren Ständen. Stolz breiten sie die letzten Schätze des Tages vor ihrer interessierten Kundschaft aus. Aus der Ferne erklingen die Trommeln der Ashanti. Rhythmisch bereiten sie die Menschen auf einen ausgelassenen Abend vor. Als er ihren Stand erreicht, bleibt er stehen. Kurz und heftig fallen seine Atemzüge aus. „Akwaaba“, begrüßt er die Auserwählte, die gerade begonnen hat, ihre Stoffe meisterlich zu falten. Langsam hebt sie ihren Kopf und blickt ihm direkt in seine tiefblauen Augen.
So oft schon blieb er stehen. So oft schon machte er ihr den Hof. Der Strauß bunter tropischer Blumen in seiner Hand verrät einmal mehr sein aufrichtiges Interesse. Seine brennende Leidenschaft bohrt sich unsichtbar in ihr Herz. Lässt Raum und Zeit vergessen. Kühl wendet sie sich einen Moment ab. Gerade so lange, dass sich seine Augen für den Bruchteil einer Sekunde erschrocken weiten. Der weiße Mann muss sie erobern. Auf Knien soll er darum bitten, sie nach Hause begleiten zu dürfen, um bei ihrem Vater um sie zu werben. Lächelnd greift sie nach den Blumen. Kaum spürbar und doch gleich der Erschütterung eines Seebebens im Golf von Guinea streift sie seine Hand ...

So oder so ähnlich hätte er uns wohl die Geschichte von der ersten Begegnung seiner Eltern erzählt. Filmisch, versteht sich hier von selbst, denn der Film ist sein Medium. Seine große Leidenschaft. In seinem Metier bewegt er die Bilder, lässt sie für sich sprechen und für uns laufen. Geschickt in Szene gesetzt, gekonnt geschnitten und perfekt arrangiert. Mit dem Film schreibt uns David Walter Bruckner seine Geschichten mitten ins Herz.

Es war also in Kumasi, wo sich seine Eltern kennen und lieben lernten und wo David 1977 geboren wurde. Die Stadt war einst Zentrum des Ashanti-Königreichs, deren Oberhäupter zu den reichsten Königen Westafrikas zählten. Bis heute gilt die Stadt als Schattenhauptstadt Ghanas. Als David zur Welt kam, lebten etwa 300.000 Menschen in Kumasi, heute sind es bereits über 3 Millionen. Sein Vater, ein burgenländischer Architekt, der in Ghana ein Krankenhaus sowie Teile des Flughafens gebaut hatte, lernte Davids Mutter tatsächlich auf einem Marktplatz kennen. Seine Kindheit war geprägt von zwei Welten, die unterschiedlicher nicht sein konnten. Er besuchte die deutsch-schweizerische Schule und blieb bis zu seinem zehnten Lebensjahr in Ghana. Danach übersiedelte er mit seiner Mutter und einer Schwester ins burgenländische Oberschützen. Den Vater, der weiterhin in Ghana arbeitete, sah David danach zumeist nur noch in den Ferien. Im Burgenland war alles anders. Menschen, Natur und Klima. „Dass es unüblich war, im Sommer eine Winterjacke zu tragen, fiel mir erst etwas später auf, denn heiß war es mir trotz Winterjacke nicht", erzählt uns David mit einem verschmitzten Lächeln. Schon in früher Kindheit zeigte sich seine Begeisterung für Kreativität. Er zeichnete gerne und begeisterte sich für Bewegung, Tanz und natürlich Film. Alles zusammen führte ihn Schnitt für Schnitt zu seiner Berufung. Mit neunzehn Jahren kam David nach Wien. Für ihn damals und bis heute noch das kreative Zentrum der österreichischen Medienszene. Neben seiner kaufmännischen Lehre begann er, als Editor bei einem Filmstudio zu arbeiten, und sammelte dort erste Erfahrungen im Schnitt von Werbefilmen. Im Jahr 2000 erfüllte sich David seinen großen Wunsch und eröffnete sein eigenes Filmstudio. „Meine große Leidenschaft waren immer Schnitt und Regie", strahlt der Künstler, der sich später auch im Bereich von Kunstvideos einen Namen machen sollte. Besonders begeistert ihn bis heute die parallele Arbeit von Mensch und Maschine. Von Licht über Kamera bis hin zu Schnitt und Gestaltung konnte David während seines Berufslebens alle Bereiche des Filmemachens kennenlernen. „Ich wollte das Wesen des Filmes verstehen", ergänzt der Familienvater philosophisch. Wir erfahren, dass David in seiner Freizeit gerne „tiefsinnige Gespräche" führt. Glück zeigt sich für ihn oftmals in den kleinen Dingen. „Das Sein genießen mit den Möglichkeiten, die einem örtlich und zeitlich gerade zur Verfügung stehen." Ausgleich zu seinem zeitweise hektischen Job findet David bei seiner Frau und seinen beiden Kindern. So oft es geht, ziehen sich die Bruckners in ihr Ferienhaus am ungarischen Balaton zurück. „Ein perfekter Ort, um sich zu entspannen und Ideen zu schmieden", meint David. Aktuell arbeitet er an zwei historischen Projekten über die Habsburger Dynastie. Der Debütfilm zur Serie war bereits ein derartiger Erfolg, dass ORF III weitere Produktionen beauftragte. Den besonderen Reiz sieht David in der Form der Umsetzung: „Ich möchte die Menschen verstehen lassen, wie das Leben damals war, wie Entscheidungen getroffen wurden", strahlen seine Augen, wenn er von seiner Arbeit spricht. Sein Studio liegt im Herzen der Leopoldstadt, unweit des von ihm so geschätzten grünen Praters. Für ihn atmet die Stadt hier besonders und gibt ihm genau jene Inspiration, die er für seine Arbeit braucht. „Ich bin eine Wiener Melange, leicht gezuckert, kräftig im Geschmack und mache munter", beschreibt sich der lebensfrohe Filmemacher selbstironisch. „Jedenfalls eine gute Gesellschaft", ergänzt er noch und wir freuen uns darauf, mehr von David zu sehen. Kamera ab und Action!

David Walter Bruckner

zehn**zwanzig** - Max-Winter-Platz

Wer mit dem Herzen sieht, braucht seine Augen nicht zu öffnen.
Bis der berühmte Louis Braille 1825 eine Schrift für Blinde entwickeln sollte, wurden zahlreiche Versuche in diese Richtung gestartet. Diese sowie viele weitere Einblicke in die Entwicklung der Lehr- und Lernbehelfe für den Blindenunterricht bietet das Wiener Museum des Blindenwesens in der Wittelsbachstraße. Eine ebenso interessante wie einzigartige Sammlung an Dokumenten, Grafiken, Bildern sowie zahlreichen technischen Errungenschaften illustriert die Entwicklung der sozialen und kommunikativen Fortschritte des Blindenwesens.

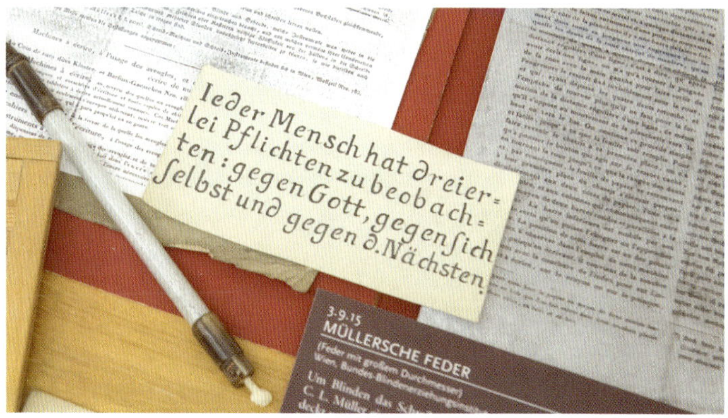

LOUIS BRAILLE

kommunikationsstarker**sternegucker**

Es gibt wohl keinen schöneren Anblick, als in einer sternenklaren Nacht hinauf auf das Firmament zu blicken. Und je dunkler es um uns herum ist, desto heller strahlt der Glitzerhimmel auf uns herab und belohnt uns mit einem atemberaubenden Himmelsblick. Unzählige kleine leuchtende Punkte zeigen uns die Mächtigkeit und die gigantischen Ausmaße des Universums auf. Einschlägige Quellen sprechen aktuell von etwa 70 Trilliarden Sternen, die dort oben vor sich hinleuchten. Für Menschen mit schwacher Vorstellungskraft sei erwähnt, dass dies eine Sieben mit 22 Nullen ist. Aber Sie haben recht, auch das hilft nicht besonders zum Begreifen. Fakt ist, dass das Universum mit dem Urknall entstanden ist und sich seither ausdehnt.
Wissenschafter wie Hannes Richter, der uns im Planetarium im Prater empfängt, gehen davon aus, dass es im Kosmos hunderte Milliarden Galaxien gibt, wobei jede einzelne davon eine unvorstellbar große Ansammlung von Sternen und Planeten beherbergt. Im Zentrum des vielseitigen Programmes des Planetariums stehen vor allem die astronomischen Phänomene und kosmischen Abenteuer, die sich innerhalb und zwischen diesen Systemen abspielen. Und Hannes Richter ist einer derjenigen, welche uns diese kosmischen Geschichten auf unterhaltsame und amüsante Weise näherbringen. In unterschiedlichen Shows und Vorführungen wird dem interessierten Publikum erklärt, wie Sterne geboren werden, wo man Planeten entdeckt, was schwarze Löcher sind und welche Geheimnisse unser Sonnensystem und die Milchstraße sonst noch so versteckt halten.

Ermöglicht wird das alles durch einen genialen Sternenprojektor, dem Star im Inneren des Planetariums. Zusammen mit acht hochmodernen Beamern werden Bilder in die Kuppel gezaubert, die uns hautnah am kosmischen Geschehen teilhaben lassen. Das Planetarium, welches gemeinsam mit der Kuffner Sternwarte in Ottakring und der Urania Sternwarte in der Inneren Stadt von den Wiener Volkshochschulen betrieben wird, bietet ein abwechslungsreiches und vielseitiges Showprogramm sowie zahlreiche Führungen in den Sternwarten an. Pro Jahr werden mehr als 100.000 Besucherinnen und Besucher gezählt, welche den kurzweiligen Vorführungen staunend beiwohnen. Hannes Richter, der 1981 in Wien geboren wurde, hat neben seiner Fachausbildung in Astrophysik auch noch ein Studium der Wissenschaftskommunikation absolviert. „Die optimale Kombination beider Ausbildungen war in dieser Form wohl nur hier im Planetarium möglich", bestätigt Hannes Richter, der in seiner Aufgabe als Entwickler und Moderator von Shows regelrecht aufgeht. Was 2002 mit einem Studentenjob im Planetarium begann, ist seit 2010 nun längst schon seine feste berufliche Heimat. Heute begeistert er Jung und Alt mit humorvollen Shows und atemberaubenden Experimenten, feuert Stickstoffraketen ab oder unterhält mit helium- oder schwefelhexafluorid-gefüllten Lungen und unterschiedlichsten Stimmvibratos das Publikum. Der sportlich vielseitige Wissenschafter, der auch seine zwei eigenen Jungs bereits auf Entdeckungsreisen mit ins Planetarium nimmt, bezeichnet seinen Arbeitsplatz hier als „den besten der Welt" und zudem coolsten Ort in der Leopoldstadt.

Dr. Hannes Richter

zehn**zwanzig** - Oswald-Thomas-Platz

„Reden kann ich besonders gut!"

„Die Kunst muss nichts.
Die Kunst darf alles!"

Ernst Fischer

Und Kunst muss auch nichts kosten müssen.
Vor allem wenn sie dort steht, wo man keinen Eintritt zahlen muss. Wo man zwangsläufig oder auch völlig gewollt daran vorbeikommt. Auf dem Weg zur Arbeit, zum Einkaufen, beim Spazieren oder ganz gezielt, wenn man Kunst im öffentlichen Raum bewusst sucht. Ob am Donaukanal, an belebten und versteckten Plätzen, in den Gemeindebauhöfen oder an den Hauswänden – wer hier Skulpturen, Mosaike, Graffitis, Statuen oder Wandmalerei sucht, wird in nahezu allen Grätzeln der Leopoldstadt fündig werden. Versprochen!

N naturgebiet

„Die Natur muss gefühlt werden!"

Alexander von Humboldt

Die gute Luft kommt aus dem Prater.
Aus dem grünen Prater natürlich, der sich bekanntermaßen auch zu den schönsten urbanen Parkanlagen weltweit zählen darf. 600 Hektar pure Naturoase in diesem ehemals kaiserlichen Jagdgebiet sowie weitere 8.278 Bäume, die außerhalb der Grünräume noch zusätzlich auf den Leopoldstädter Straßen und Plätzen stehen, sorgen für eine natürliche Reinigung unserer Atemluft. 3.712 dieser Bäume sind übrigens klassische Rosskastanien und es ist mehr als empfehlenswert, die Blütenpracht der Kastanien im Mai aus der Nähe zu betrachten. Ein Spaziergang entlang der 4,5 Kilometer langen Hauptallee zwischen Praterstern und Lusthaus tut aber zu jeder Jahreszeit gut und wirkt wie ein Kurzurlaub für Körper und Seele.
Neben dem Prater seien hier auch noch die über vierzig kleineren und größeren Park- und Grünanlagen im Bezirk, wie der Augarten, der Mexikopark, der Wettsteinpark oder der Rudolf-Bednar-Park, zu erwähnen. An Natur- und Grünraum mangelt es also keineswegs in der Leopoldstadt.

Eine 520.000 Quadratmeter große Wohlfühloase mitten in der Stadt.
Der Augarten zählt zu den wohl schönsten Parks der Leopoldstadt und unserer Stadt. Als öffentliche Anlage, die von den Bundesgärten betreut wird, hat der Augarten als beliebter Ausflugs- und Erholungsort viel zu bieten. Neben einer weitläufigen und üppigen Gartenanlage mit herrlichen Wiesen und Blumenbeeten, vielfältigem Baumbestand und Kastanienalleen befinden sich im Park unter anderem noch Gymnasium und Internat der Wiener Sängerknaben, die Konzerthalle MuTh, die Porzellanmanufaktur Augarten, zwei Flaktürme, ein Familienbad, die Muttergotteskirche, das Filmarchiv Austria, Gastronomie und Kinderspielplätze.

„Wenn jemandem ein Lächeln fehlt, dann schenke ich ihm meines!"

universumverbundene**fiakerqueen**

Es fällt schwer, sich nicht Hals über Kopf in sie zu verlieben. Offenherzig und überaus gastfreundlich empfängt uns Susanne Trummer in ihrem kuscheligen Domizil und bittet uns auf ihre ebenerdige Terrasse. Hier hat sie sich ein wahres Refugium, einen Tempel der Entspannung geschaffen, den sie an schönen Tagen kaum verlässt. Susi, wir dürfen sie so nennen, weil ihr das so lieber ist, erzählt uns von ihrer Kindheit und ihren ersten Begegnungen mit Pferden. 1973 in Wien geboren, genauer gesagt im Ottakringer Spital, übersiedelte sie im Alter von fünf Jahren nach Graz. „Bis heute meine zweite Heimat", lächelt Susi und berichtet uns, dass sie bereits als kleines Mädchen schon reiten durfte. Ein Reitstall in Pachern bei Graz sollte ihre Liebe zu den Rössern wecken – eine Liebe, die sie bis heute begleitet. Damals legte sie die lange Wegstrecke zum Reitstall regelmäßig zu Fuß oder mit dem Rad zurück und verdiente sich durch Stall Ausmisten und andere Arbeiten ihre Reitstunden. Da sich ihre Eltern bereits früh in Susis Kindheit trennten, blieb nach Volks- und Hauptschule nur der rasche Sprung ins Leben. „Ich musste früh erwachsen werden", sagt Susi, die sich mit Jobs an einer Tankstelle oder in der Gastronomie in ein selbständiges Leben kämpfte. Über eine kurze Station in Wiener Neustadt kam sie schließlich im Jahr 2000 nach Wien. Wir erfahren von Susi, dass sie häufig ihre Jobs wechselte, weil es ihr rasch langweilig wurde. „Und dann saß ich also eines Tages im Café Landtmann, trank Kaffee und las diese Anzeige, in der man einen Fiakerkutscher suchte", lacht Susi. Das war im Jänner 2002 und aus „purer Blödheit", wie sie meint, fing sie auch tatsächlich in einem der kältesten Winter an, Fiaker zu fahren. Ein paar Monate später schon war sie im Besitz eines Fiakerführerscheines. Der Rest ist Geschichte. Fiakergeschichte, denn Susi blieb dieser Profession bis heute treu.

Nach dem Tod ihres Alt-Chefs, in dessen Fuhrwerk-Betrieb sie langjährig diente, verschlug es sie in die Freudenau, wo sie 2018 zum letzten Mal ihren Arbeitgeber wechselte und in einem äußerst familiären und freundschaftlich geführten Unternehmen endlich ihre berufliche Heimat fand. Gemeinsam mit Snikkers und Vanjo, ihren beiden neunjährigen ungarischen „Buben", wie sie ihre treuen Pferde liebevoll nennt, bildet Susi ein Traumgespann. „Das Universum hat mir damals einen Traum erfüllt", strahlt die sympathische Kutscherin. Wir erfahren, dass sie sich schon einige Male in ihrem Leben mit ein paar Herzenswünschen ans Universum wandte, welches auch tatsächlich Zeit ihres Lebens über sie wachte. Und so ist Susi heute gemeinsam mit ihren zwei „Kollegen" durch Wien unterwegs und tut das, was ihr am meisten Freude bereitet: „Ich liebe es, den Menschen mit Stolz meine Heimatstadt zu zeigen", sagt Susi, die auch schon mal aus purer Menschenfreude Leute auf der Straße anspricht und sie ein Stück in ihrer Kutsche mitnimmt. „Ich bin heute keine Getriebene mehr und mit dem zufrieden, was ich habe", meint Susi. Stolz erzählt sie uns, dass ihre Kutsche erst kürzlich komplett überholt und restauriert wurde und nun in einem frischen Champagner-Perlmutt strahlt. „Außerdem", betont sie, „fahre ich den einzigen barrierefreien Fiaker in Wien", was wir keinesfalls vergessen dürfen zu erwähnen.

Der grüne Prater, das Potpourri der Menschen, denen man dort begegnet, und auch ihr Heimweg von der Arbeit zwischen der Rotundenbrücke und der Freudenau sind ihre absoluten Lieblingsecken in der Leopoldstadt. Voll Respekt verneigen wir uns vor einer Lady, die sich im Leben behaupten musste und zweifelsfrei auch behauptet hat. Die sich in einer knochenharten Männerdomäne wie der Fiakerei über zwei Jahrzehnte hinweg erfolgreich bewährte und die uns zum Abschluss unseres Gespräches noch diesen herzerwärmenden Satz mitgibt: „Ich habe und wurde geliebt, durfte im Vergleich zu Milliarden anderen Menschen ein privilegiertes Leben führen und, wenn es heute zu Ende wäre, hätte ich nicht das Gefühl, etwas versäumt zu haben!"

Susanne Trummer alias „Fiaker Susi"

zehn**zwanzig** - Stallungen der Galopprennbahn Freudenau

„Die Natur hat sich immer um Vielfalt gekümmert!"

Mag. Harald Gross
Leiter Team Naturschutz-Sachverständige
im Fachbereich Naturschutz und Geodaten

Die Wiener Umweltschutzabteilung (MA 22) ist im Sinne eines vorsorgenden, integrativen und partnerschaftlichen Umweltschutzes mit vielen wichtigen Belangen betraut. Sie ist fachlich für alle Naturschutzangelegenheiten in Wien zuständig. Im Zentrum der fachlichen Arbeit steht neben traditionellen Aufgaben, wie der Unterschutzstellung von Gebieten und Objekten samt Beurteilung von Eingriffen, immer stärker der Einsatz moderner Instrumente des flächendeckenden, vorsorgenden Naturschutzes.
Dazu gehören unter anderem die Entwicklung von Managementplänen, die Umsetzung eines breit angelegten Arten- und Lebensraumschutzprogramms, der Vertragsnaturschutz und eine zeitgemäße Öffentlichkeitsarbeit.

„Es gilt, den Menschen geistige und reale Brücken hinaus in die Natur zu bauen", lesen wir auf der Website der Stadt Wien zum Thema Umwelt- und Naturschutz. Und tatsächlich gelingt es in Wien hervorragend in die einzigartigen Naturoasen unserer Stadt vorzudringen. So lassen sich auch im grünen Prater fußläufig oder mit dem Fahrrad innerhalb weniger Minuten nahezu unberührte Waldpfade und idyllische Plätze an romantischen Teichen und Tümpeln entdecken. Menschen wie Harald Gross, der uns auf eine Naturexpedition der besonderen Art mitnimmt, sorgen dafür, dass Pflanzen- und Tierwelt hier einen geschützten Lebensraum vorfinden. Abseits vom Trubel der Stadt. Hautnah erlebbar.

Der Prater ist ein Stück Auwald, in dem zahlreiche Vogelarten und kleine Säugetiere sowie unzählige Insekten- und Käferarten zu Hause sind. So ist beispielsweise der große Körnerbock, der hauptsächlich in Südosteuropa lebt, im Prater noch realtiv häufig zu finden. An den Teichen tummeln sich Enten und Schwäne und viele Arten Schmetterlinge und Libellen ziehen ihre Runden über die stehenden Gewässer. Mit etwas Glück zeigt sich dem geübten Spurenleser auch schon mal der Abdruck eines Rehes oder Fuchses. Für Naturfreunde und solche, die es werden wollen, ist die Leopoldstadt mit ihrem Großstadtdschungel im Prater also ein absolutes Highlight. Stadtwildnis vom Feinsten.

Was wäre die Leopoldstadt ohne ihre Prater Hauptallee?
Schon alleine die Vorstellung ist zu traurig und darum stellen wir mit Freude fest, dass es ihn gibt, diesen über vier Kilometer langen, schnurgeraden Kastanien-Boulevard, der direkt am Praterstern beginnt. Einst schlug man eine Schneise durch den Auwald, um eine Verbindung zwischen dem Augarten und dem kaiserlichen Jagdgebiet im Prater herzustellen.
Neben der breiten Hauptfahrbahn sind beidseitig Reit- und Fußgängerwege angelegt. Die Allee führt am Wurstelprater sowie an Fußballstadion und Stadionbad, zahlreichen Sportanlagen, großzügigen Wiesen sowie Spiel- und Wasserplätzen vorbei und endet beim Lusthaus. Lust auf mehr?

Vorsicht
bei
Sturm
StaDt Wien

Als ob das nicht alles schon genug wäre.

Nun, offensichtlich reichen Auwald, Freudenau und Augarten noch immer nicht aus. Zwischen die Plätze und Gassen der Leopoldstadt schummeln sich auch noch über vierzig Park- und Grünanlagen, die für zusätzlichen Erholungs- und Begegnungsraum sorgen. Diese kleinen Freizeitoasen, wie beispielsweise der Else-Feldmann- oder Franziska-Löw-Park, erfrischen unsere Großstadtschluchten und sorgen für Entspannung im urbanen Alltag. Die Namensgeberin von letzterem Park rettete übrigens während der NS-Herrschaft zahlreiche jüdische Kinder vor der Deportation. Unser Vorschlag: Park-Hopping im Zweiten!

„Was wir heute tun, entscheidet darüber, wie die Welt morgen aussieht!"

Marie von Ebner-Eschenbach

Z zukunfts**orientierung**

zukunfts**orientierung**

Unsere Zukunft beginnt genau jetzt.
Ihre Zukunft, werte Leserin und werter Leser, liegt übrigens in jedem nächsten Wort dieses Textkastens. Und wenn Sie ganz unten angelangt sind, ist alles darüber schon wieder Vergangenheit. Manches lesen wir und nehmen es in unsere Zukunft mit. Wie die Bücher in den Lehr- und Ausbildungsstätten, an denen es im Übrigen auch in der Leopoldstadt nicht mangelt. Allen voran sei hier federführend die Wirtschaftsuniversität Wien erwähnt, die 2013 ihren neuen Standort am Rande des Wiener Praters bezog. Auf dem etwa 90.000 Quadratmeter großen, top modernen Universitätsgelände zwischen der Wiener Messe und dem Wurstelprater studieren über 20.000 Menschen und genießen das gemeinsame Campusleben inmitten einer beeindruckenden Architektur und eines vielfältigen Angebotes.
Viele weitere Bildungseinrichtungen wie die Fachhochschule des BFI Wien, die Danube International School, das Jüdische Institut für Erwachsenenbildung oder die Musikschule Leopoldstadt am Bildungscampus Christine Nöstlinger auf der Taborstraße sind darüber hinaus noch im Zweiten zu finden. Alle vereint der Blick in die Zukunft. Und es ist dieser Blick nach vorne, der uns antreibt. Der uns motiviert, Ziele zu erreichen und neue Wege zu beschreiten. Albert Einstein meinte dazu einmal: *„Mehr als die Vergangenheit interessiert mich die Zukunft, denn in ihr gedenke ich zu leben.“* So ist es.

„Armenien ist mein Herz und meine Wurzel, Iran mein Geburtsland und Österreich meine Wahlheimat!"

positivdenkende**menschenfreundin**

Es muss wohl ihre freundliche Ausstrahlung sein, die uns gleich von Beginn an einfängt und nichts anderes zulässt, als ihr staunende Aufmerksamkeit und respektvolles Zuhören zu schenken. Irgendwie fühlt man sich sicher und gut aufgehoben in ihrer Nähe, was zweifelsohne Eigenschaften von unschätzbarem Wert für ihre Arbeit im Integrationshaus sind. Natürlich interessiert uns, woher Roobina Ghazarian diese positive Energie und ihre Selbstsicherheit nimmt. „Selbstbewusstsein hilft, weil es Hoffnung gibt", eröffnet sie unser Gespräch und erzählt uns über ihre Herkunft, ihre interessante Reise und ihr heutiges Leben in Wien. Der Weg nach Europa war für die 1968 im Iran geborene Christin mit armenischen Wurzeln alles andere als leicht. Alles Vorstellbare und Unvorstellbare dazu bleibt ihre ganz persönliche Geschichte. Bleibt tief drinnen in ihrem Herzen. Das war unser Versprechen. Ganz offensichtlich sind es aber genau jene Erfahrungen und persönlichen Erlebnisse, die Roobina zu dem gemacht haben, was sie heute ist. 1999 kam sie nach Österreich und verliebte sich sehr rasch in unser Land. Ihre Tochter war damals schon sechs Jahre alt und ihr Sohn kam ein paar Jahre später in Wien zur Welt. Nach der Karenz brachte ein Berufsorientierungskurs im Sozialbereich Roobina rasch die Erkenntnis, dass es mehr Hilfe für Menschen mit Migrationshintergrund geben sollte. Roobina absolvierte eine Ausbildung zur Trainerin und zum Coach im Integrationsbereich und erhielt 2006 die Chance, ein neunmonatiges Praktikum in der Wohnbetreuung von Flüchtlingen im Integrationshaus zu absolvieren. Als ihr 2007 die Möglichkeit für eine fixe Stelle im Bildungsbereich des Hauses angeboten wurde, nahm sie dankend an. Fortan war Roobina Teil eines großen arbeitsmarktpolitischen Projektes für jugendliche Flüchtlinge, subsidiär Schutzberechtigte und junge Menschen mit Migrationshintergrund im Alter von 15 bis 21 Jahren. JAWA Next, wie sich das erfolgreiche Programm bis heute nennt, bietet jungen Menschen seit 2006 Hilfe und Unterstützung bei der Suche nach einem festen Arbeitsplatz. „Wir bieten konkrete Hilfestellung, wenn es um Praktikumsplätze oder Lehrstellen geht", berichtet Roobina, die nun bereits ihren 18. JAWA Next-Durchgang als Projektleiterin begleitet. 2021 konnten beispielsweise 90 Prozent aller Teilnehmerinnen und Teilnehmer erfolgreich an eine Lehrstelle vermittelt werden, manche sogar eine höhere Ausbildung beginnen. Die zertifizierte Erwachsenenbildnerin, die von sich selbst behauptet, dass sie die Gabe hat, andere von etwas zu überzeugen, liebt ihren Job im Leopoldstädter Integrationshaus. Vor allem lobt sie ihr Team und das so wertvolle Miteinander. Direkt am Wasser zu leben, wäre einer ihrer Herzenswünsche. Ihre Leidenschaft fürs kühle Nass zieht sie immer wieder an die nahegelegene Donau. Sich selbst beschreibt Roobina als eine starke, unabhängige und optimistische Frau, die nie aufgibt. Mit ihrer Kraft und Energie konnte sie schon vielen hilfesuchenden Menschen eine Stütze sein. Natürlich muss man nicht zwingend eine Geschichte wie die ihre haben, um anderen mit Rat und Tat zur Seite zu stehen. Schaden kann es aber auch nicht, wenn man weiß, wo welche Steine liegen, wer diese dort abgelegt hat und wie man die Dinger am besten aus dem Weg schafft.

Roobina Ghazarian

zehn**zwanzig** - Engerthstraße

Am 24. April 2022 hielt die Welt den Atem an. Wilhelm „Willi“ Resetarits verstarb völlig unerwartet. Sein Tod riss ein tiefes Loch in die Wiener Kulturszene und in die Herzen vieler Menschen, die ihn für sein unermüdliches Tun und Schaffen liebten.

1993 war er eines der Gründungsmitglieder des Integrationshauses. „Hilfe zur Selbsthilfe“ sollte das Motto lauten und ein ehemaliges Bürogebäude in der Leopoldstadt wurde übernommen und adaptiert. Im Juni 1995 bezogen die ersten Bewohner und Bewohnerinnen das renovierte Integrationshaus. Bis zuletzt war Willi Resetarits noch als Ehrenvorsitzender für das Integrationshaus aktiv.

Viele seiner Ideen und Gedanken werden die Arbeit dieser wunderbaren Einrichtung auch weiterhin beflügeln und prägen. Danke Willi.

Menschen auf der Flucht. Sie versuchen, sich und ihre Familie zu schützen. Mit aller Kraft am Leben zu bleiben, mit letzter Kraft zu entkommen. Sie wollen einfach nur die Bomben und den Terror hinter sich lassen. Greifen sich das Notwendigste und rennen los. Sie rennen dorthin, wo sie sich Frieden und Sicherheit erhoffen. Und doch finden sie vielerorts nur Ablehnung und Distanz. Argwohn und Intoleranz. Auf der Suche nach einem neuen Zuhause braucht es Hilfe und Unterstützung. Es braucht Menschlichkeit, Perspektive und Hoffnung. Es braucht Zukunft.
Das Integrationshaus ist mit der Leopoldstadt so verbunden wie das Riesenrad oder das Ernst-Happel-Stadion. Vielleicht ist es nicht ganz so bekannt, erwähnens- und lobenswert ist es allemal. Beeinflusst und motiviert durch das „Lichtermeer" im Jahr 1993, wurde die Idee für ein Menschenrechtsprojekt geboren, das geflüchteten Menschen sowie Migrantinnen und Migranten einen Ort der Zuflucht bieten sollte. 1995 fand schließlich die offizielle Eröffnung in der Engerthstraße statt. Heute finden pro Jahr etwa 4.000 Menschen Schutz, Hilfe und Unterstützung, wenn es um Unterkunft, Betreuung, Bildung und Beratung geht. Das Team des Integrationshauses verfolgt dabei einen ganzheitlichen und individuellen Anspruch mit dem Ziel, den Menschen auf diese Weise so schnell wie möglich das nötige Rüstzeug in die Hand zu geben, um ihr Leben selbständig anpacken zu können.

Ein multiprofessionelles Team aus 150 engagierten Mitarbeiterinnen und Mitarbeitern stellt sich täglich in den Dienst der guten Sache. Im Wohnhaus werden Menschen mit erhöhtem Unterstützungsbedarf betreut. Zur Verfügung stehen 130 Plätze in den vorhandenen Wohneinheiten. Das Integrationshaus bietet zudem umfassende und kostenlose Beratungsleistungen für Schutzsuchende in der Grundversorgung und stellt ein breites Angebot an Bildungsprojekten zur Verfügung. Die Vorstandsvorsitzende, Katharina Stemberger, bringt es auf den Punkt: „Wir unterstützen aus voller Überzeugung, mit hoher fachlicher Kompetenz und auf Augenhöhe."

„Die Familie stand bei mir immer an erster Stelle!"

flugtauglicher**hobbybastler**

Wenn Sie sich jemals fragen, wieviel an Aktivität, Ausbildung oder Vielseitigkeit in ein einziges Leben passt, dann laden wir Sie herzlich ein, hier weiterzulesen. Sie werden staunen, was alles möglich ist, wenn man eine ausreichende Portion Neugier und Ehrgeiz mitbringt. Und vielleicht entscheiden Sie sich ja, das eine oder andere doch noch anzupacken. Mal sehen.

Wir treffen Vizeleutnant Hubert Krenmair (geb. 1959) in seiner Dienststelle am Elderschplatz. Zum Zeitpunkt des Interviews steht er kurz vor seiner wohlverdienten Pensionierung, erlaubt uns trotzdem noch Einblicke in seinen Bundesheeralltag. Immerhin begleitet ihn das Österreichische Militär nun schon seit 1979. Nach einer Tischlerlehre trat er damals seinen Dienst im oberösterreichischen Hörsching an und begann gleich mit einer Ausbildung zum Hubschrauberpiloten. Dass „das da oben" ganz seine Welt ist, war ihm bereits im zarten Teenager-Alter klar. Es gelang ihm bereits im Alter von 14 Jahren in der Flugschule Kirchdorf-Micheldorf aufgenommen zu werden. Was folgte, liest sich wie das Tagebuch eines Abenteurers. Eines Haudegens, der den Nervenkitzel sucht und bei dem man das Wort „gefährlich" vergebens in seinem Wortschatz sucht: Drachen- und Segelflieger-ausbildung, Alleinflugberechtigung mit 16 Jahren, gefolgt von der Privatpiloten-Lizenz auf einer einmotorigen Cessna mit 17 Jahren. Seit damals verbrachte Hubert etwa 12.000 Flugstunden über und unter den Wolken und erweiterte ständig seine Flugberechtigungen und -fertigkeiten. Obwohl es klar war, dass es beruflich auch etwas sein musste, wo man die Füße nicht ständig am Boden haben muss, führte ihn sein Bundesheerleben auch noch in ganz andere Bereiche. Als sich die Gelegenheit bot, begann er eine Ausbildung zum Sanitäter und belegte im Anschluss alle Kurse bis zum Sanitäts-Unteroffizier. Abgerundet wurde seine Weiterbildung in diesem Bereich durch eine Fachausbildung zum staatlich diplomierten Gesundheits- und Krankenpfleger.

2012 holte man den vielseitigen Soldaten zur Stellungskommission in die Leopoldstadt, welche seit damals seine zweite Heimat ist. Als „Spieß", also der dienstführende Unteroffizier, ist er im Referat Stellung des Militärkommandos Wien für alle Angelegenheiten des Kaderpersonals zuständig. Mit etwa 20 Grundwehrdienern, 40 Bediensteten inklusive medizinischem und psychologischem Fachpersonal bearbeitet man pro Jahr etwa 10.000 Stellungsvorgänge und mustert Personal für den Bundesheer- und den Zivildienst in Wien und dem Nordburgenland. Wir erfahren, dass diese Leopoldstädter Institution in naher Zukunft zum Heeresspital nach Stammersdorf übersiedeln soll. Ein Grund mehr, ihr in diesem Buch Platz einzuräumen.

Wir fragen Hubert noch nach seinen Ruhestandsplänen und wissen gleich, dass Ruhe hier wohl die falsche Wortwahl war. „Fliegen ist ein teures Hobby", schmunzelt der Spieß, der sich – zumindest jetzt noch – in seinem Flugclub jederzeit eine Maschine leihen und fliegen kann. In der Pension wird dieses Vergnügen wohl nicht mehr ganz so oft leistbar sein. Zum Glück gibt es noch andere Leidenschaften, die gepflegt und gelebt werden wollen. Einerseits ist da das Tauchen, das ihn ebenfalls schon sein Leben lang begeistert. Dass Hubert heute ausgebildeter Tauchlehrer ist und bereits einige der schönsten Unterwasserplätze der Erde besucht hat, ist doch wohl klar. Realtiv frisch auf seiner Vita ist die Liebe zum Motorbootfahren und so musste selbstverständlich der internationale Motorbootschein für Seen und Binnengewässer samt eigenem Motorboot her. Außerdem packte ihn vor vielen Jahren die Bastelleidenschaft. Bevorzugterweise baut er Weihnachtskrippen, die er mit viel Liebe zum Detail in unzähligen Arbeitsstunden herstellt und zum Selbstkostenpreis in seinem nahen Umfeld weitergibt. Begeistert von zwei gerade fertiggewordenen Krippen, die reich verziert und funkelnd in seinem Büro stehen, müssen auch wir eine mitnehmen. Chapeau Spieß! Wir wünschen Ihnen alles Gute und natürlich Hals- und Beinbruch!

Hubert Krenmair

zehn**zwanzig** - Elderschplatz

Pro Jahr werden in der Leopoldstadt etwa 10.000 Stellungsvorgänge abgewickelt. Für den reibungslosen Ablauf sorgen derzeit 20 Grundwehrdiener sowie 40 Fachbedienstete aus dem medizinischen und psychologischen Bereich.
Am Leopoldstädter Elderschplatz werden noch bis Ende 2023 Rekruten gemustert. Danach übersiedelt die Kommission in die Van-Swieten-Kaserne nach Floridsdorf.

Die Hauptaufgaben des Bundesheeres sind neben der militärischen Landesverteidigung auch der Schutz von Einwohnern und Einrichtungen, die Hilfe bei Naturkatastrophen oder Unglücksfällen sowie die Hilfe im Ausland. Zur Erfüllung all dieser Aufgaben braucht es engagierte und fähige Menschen. Um die Wehr- und Dienstfähigkeit festzustellen, finden sich wehrpflichtige Männer mit österreichischer Staatsbürgerschaft zur Musterung in den Stellungskommissionen unseres Landes ein. Für Wien und das Nordburgenland wird seit Jahrzehnten am Elderschplatz 3 gemustert. Das Wehrgesetz aus 2001 zum Zweck der Stellung: *„Ziel ist es, die geistigen und körperlichen Stärken und Schwächen von Wehrpflichtigen zu erkennen. Die Stellung soll feststellen, ob Wehrpflichtige ihren Wehrdienst in einer ihren Fähigkeiten entsprechenden Funktion ableisten können."* Zu festgesetzten Terminen werden die Rekruten dafür zwei Tage lang medizinisch und psychologisch untersucht. Aktuell sind etwa 14.000 Soldaten, 25.000 Milizsoldaten und an die 8.000 Zivilbedienstete beim Österreichischen Bundesheer bzw. dem Verteidigungsministerium beschäftigt. Der Frauenanteil beim Heer liegt derzeit bei etwa fünf Prozent. Mit der Übersiedlung der Wiener Kommission nach Stammersdorf schließt der Standort Elderschplatz Ende 2023 für immer seine Pforten. Grund genug für uns, dieser Leopoldstädter Traditionseinrichtung hier respektvoll Raum zu schenken.

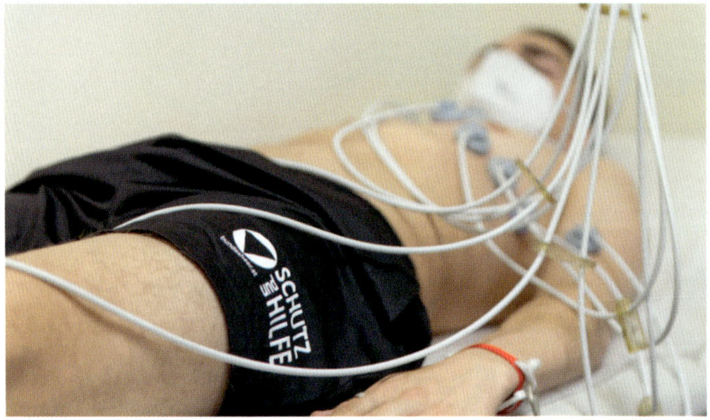

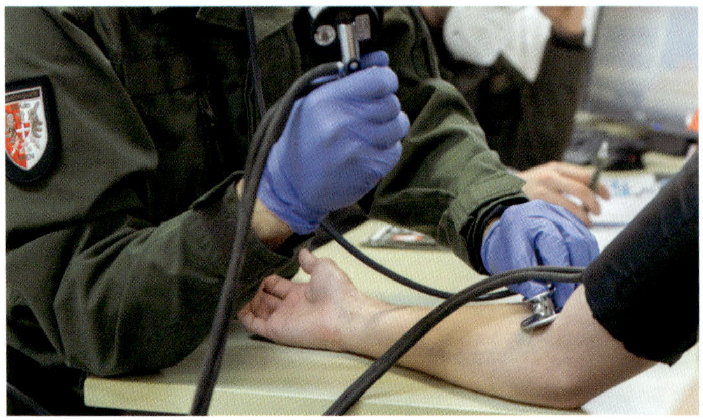

UNTERSUCH
RAU
Militärkommando
Referat Stellung
20
Untersuchungs
Referat Stellung

„Nicken Sie nicht, tun Sie was!"

Am liebsten ist er im Hafen. Weil er dort die große Welt im Kleinen hat und doch in Wien ist. Und genau hier, im *thinkport VIENNA*, einer Initiative von BOKU Wien und Hafen Wien, wo er seit 2017 für den Bereich Innovation & Policy verantwortlich ist, kann er nachdenken. Gemeinsam mit seinem Team entwickelt Martin Posset, der 1980 in Wien geboren wurde, neue Ansätze und Lösungen für urbane Güterlogistik. Genauer gesagt, werden Logistik-Themen analysiert und wichtige Stakeholder aus Wirtschaft, Industrie, Handel, Güterverkehr und Politik bei Vernetzung und Umsetzung bedarfsorientierter Lösungen unterstützt. „Wozu das alles?", wollen wir wissen und erfahren von Martin, dass Wien führend im Bereich einer modernen urbanen Logistik werden soll und der Hafen Wien dabei eine ganz zentrale Rolle spielt. Außerdem soll bis zum Jahr 2030 eine annähernd emissionsfreie Stadtlogistik realisiert werden. Hochgesteckte Ziele, die von guten Ideen und innovativen Konzepten befeuert werden, jedoch auch einer großen Portion Hartnäckigkeit und Durchhaltevermögen bedürfen. Das alles bringt Martin mit. Und noch mehr.

Nach seinem Studium der Internationalen Betriebswirtschaftslehre an der Universität Wien eignete er sich Knowhow im Bereich „Intermodaler Transport und nachhaltige urbane Logistik" an – die so wichtige Basis für das, was er heute tut. Außerdem unterrichtet er seit 2012 auch als externer Lektor am Institut für Produktionswirtschaft und Logistik an der Universität für Bodenkultur Wien und gibt dort sein Wissen weiter. Vor allem aber inspiriert und motiviert er junge Menschen. „Die notwendige Transformation unserer Welt und unseres Verhaltens eröffnet viele neue Möglichkeiten und erfordert zeitgemäße Lösungen", sagt Martin, dem es nach dem Aufsetzen von innovativen Prozessen gerade auch darum geht, wie diese umgesetzt werden können. Lange genug wurde über Klimaziele und Klimapolitik gesprochen, nun sei es wichtig, auch konkrete Taten folgen zu lassen. Ein zukunftsweisendes und konkretes Beispiel dafür ist sicherlich auch „HUBERT", ein Stadtlogistiksystem der Stadt Wien in Zusammenarbeit mit dem Hafen Wien, welches durch clevere Bündelung von Gütern für eine nachhaltige und effiziente Versorgung von Geschäfts- und Gewerbebetrieben in Wien sorgt. Die Zustellung erfolgt mittels umweltfreundlicher Fahrzeuge und alternativ gibt es auch Abholstationen für Pakete, die rund um die Uhr zugänglich sind. „Innovation ist erst dann Innovation, wenn sie einen bestehenden Markt durchdrungen oder einen neuen erschlossen hat", meint Martin, der weiß, wie aufwendig es ist, Überzeugungsarbeit zu leisten. „Es fällt den Menschen schwer, aus ihren gewohnten Mustern herauszutreten", ergänzt er und ist sicher, dass man „die Menschen dort abholen muss, wo sie sich bewegen, wenn man Änderung herbeiführen möchte."

Privat ist der vielseitige Experte ein absoluter Familienmensch. Gemeinsam genießt die Familie jedes Jahr einen Monat „Vanlife" in ihrem Bus. „Manchmal wissen wir erst, wo wir hinwollen, wenn wir dort sind", lacht Martin, der auf Reisen immer seine AeroPress Kaffeemaschine mitnimmt. „Ich brauche damit etwa eine Viertelstunde, bis mein Kaffee fertig ist, aber ich nehme mir im Urlaub gerne diese Zeit." Insgesamt gefällt uns diese Mischung aus Bodenständigkeit und Zufriedenheit gepaart mit diesem ungeheuren und unermüdlichen Ehrgeiz, Dinge zum Guten zu bewegen. „Lebenserfahrung im einzigen und wahrsten Sinne", erzählt uns Martin noch, sammelte er im Herbst 2015, als er die Initiative „Train of Hope" unterstützte und als Helfer einen Monat lang am Grenzübergang Nickelsdorf tätig war. Binnen weniger Stunden kamen tausende schutzsuchender Menschen an und Martin half, so gut er konnte. Was er mitnahm, war eine große Portion an persönlicher Erfahrung und Demut.

Mag. Martin Posset

zehn**zwanzig** - Freudenauer Hafenstraße

Sigmund Freud
PrivatUniversität
Zahnklinik SFU

Wo wir unsere Antworten finden. Breites Wissen im Zweiten.
Und zwar buchstäblich an jeder Ecke. Von „high quality international education for children“ an der Danube International School über die Fachhochschule des BFI Wien für Wirtschaft, Management und Finance oder die Sigmund Freud PrivatUniversität bis hin zur Volksschule in der Leopoldsgasse oder zum Sperlgymnasium – das Angebot für Wissensdurstige, die auf der Suche nach den Anworten auf die großen und kleinen Fragen der Menschheit sind, ist hier seit jeher vorhanden. Viktor Frankl, einer der berühmtesten Schüler am Sperlgymnasium, sagte einst: *„Wir sind es, die zu antworten haben auf die Fragen, die uns das Leben stellt.“*

AKADEMIE DER BILD
MEISTERSCHULE FÜ

ENDEN KÜNSTE
R BILDHAUER

„Besitz belastet – bei uns findet man bestens gewartete Maschinen!“

Ein Labor, das glücklich macht. Zumindest all jene, die sich ihre Endorphinschübe beim Hantieren mit Metallsägen, Lasercuttern, 3D-Druckern und anderem seligmachenden Werkzeug holen. Und weil das alles in der Community der handwerklich Begabten auch tatsächlich so ist, wurde der Makerspace für Hobby- und Profi-Bastler ganz einfach Happylab getauft.
Karim Jafarmadar, einer der beiden Gründer dieses faszinierenden Werkstattrefugiums, führt uns durch die Räumlichkeiten in der Leopoldstädter Schönngasse. Der Informatiker und Absolvent der TU Wien wurde 1984 in Wien geboren. Seinen wohlklingenden Namen verdankt er seinem persischen Papa. Dass aus dem technikaffinen Tüftler einst ein Unternehmer mit neuen, innovativen Zugängen zum „Do-it-yourself-Basteln" wird, zeichnete sich wohl schon an der HTL Spengergasse ab, als er – ermutigt und gefördert von einem Professor – damit begann, selbst Mikrocontroller zu bauen, oder an Roboter-Wettbewerben teilnahm. Nach und nach verfestigte sich der Gedanke bei Karim und seinem Partner Roland, ihre Leidenschaft für Innovation und technische Kreativität unternehmerisch auszubauen. Nach Vereinsgründung und ersten Anfängen im 20. Bezirk ging es 2010 dann so richtig los, als die beiden ihren ersten Makerspace im zweiten Bezirk eröffneten. Das Konzept hinter dem Handwerkstempel basiert auf unterschiedlichen Mitgliedschaften – vom Anfänger bis hin zum Profi-Anwender ist für jeden etwas dabei.

2021 wurden schließlich die neuen Räumlichkeiten in der Schönngasse bezogen. Auf 900 Quadratmetern stehen den begeisterten Mitgliedern heute unterschiedlichste Werkstätten, Gerätschaften und jede Menge bestens gewarteter Werkzeuge zur Verfügung. Vom engagierten Hobbybastler über Start-ups, die hier ihre ersten Prototypen fertigen, bis hin zu Produzenten echter Kleinserien von Produkten aller Art werkt man munter im Happylab. Aktuell zählt das Happylab etwa 1.500 Mitglieder. Mit neuen Programmen, wie beispielsweise dem Female Maker Month oder Workshops zu speziellen Arbeitsverfahren und -techniken, werden neue Zielgruppen angesprochen. Ein neuer Co-Working-Space mit zwanzig flexiblen Arbeitsplätzen, Besprechungsraum und vollem Zugang zu den Werkstätten und Maschinen ergänzt das Angebot im Leopoldstädter Makerspace.
„Bis vor der Pandemie waren wir auch Veranstalter der Maker Faire Vienna", erfahren wir von Karim, der uns von einer Messe für Innovation, Kreativität und Technologie erzählt, welche zuletzt in der Stadlauer METAStadt veranstaltet wurde. „Anfassen und Ausprobieren" ist das Motto dieses familienfreundlichen Festivals, wo sich Maker treffen, um ihre Projekte zu präsentieren. „Wenn alles gut läuft, werden wir 2023 die nächste Maker Faire machen", freut sich Karim, der in der Veranstaltung auch eine exzellente Werbung für sein Happylab sieht. Wir gratulieren zu dieser hervorragenden Idee, Menschen an einem Ort der Kreativität zusammenzubringen, um zu gestalten und zu schaffen.

Karim Jafarmadar

zehn**zwanzig** - Schönngasse

Zangeln. Schneiden. Fräsen. Bohren.

Für Start-ups, Hobbybastler oder Profi-Handwerker. Für Einzelstücke und Kleinserien. Für ganz große Dinge oder die winzigen. Im Makerspace in der Leopoldstädter Schönngasse ist alles möglich. Handwerkerinnen und Handwerkern lacht das Herz, wenn sie die top ausgestatteten Werkstätten des Happylabs entdecken. Vom Lasercutter über 3D-Drucker bis hin zur CNC-Fräse oder Schneideplottern ist hier alles zu finden. Starter, Maker oder Profi – Interessierten stehen unterschiedliche Mitgliedsformen zur Auswahl. Wer bastelt mit?

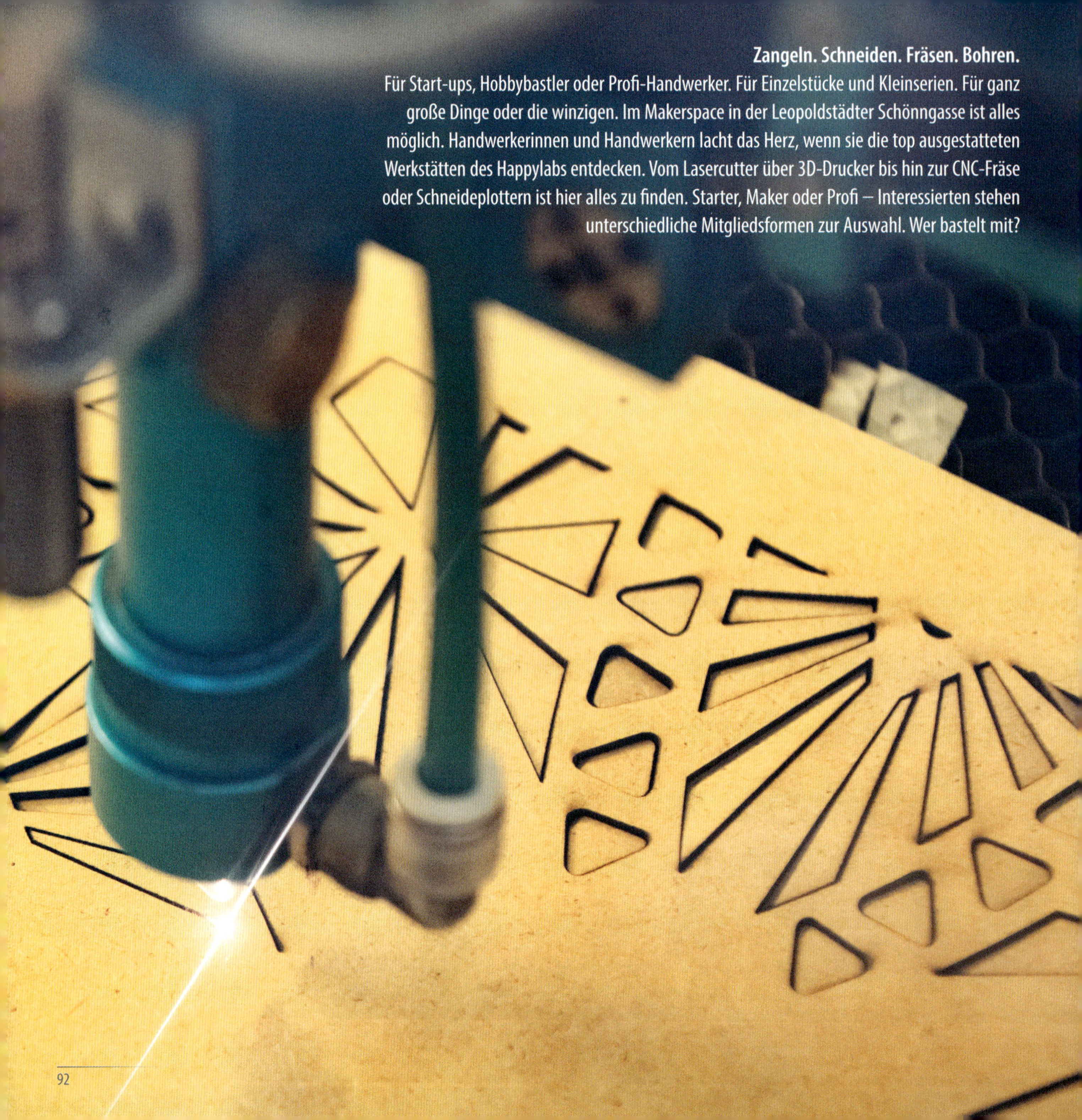

HAPPYLAB

SCHOOL
OF MAKERS

← STORAGE
← METALLWERKSTATT
← HOLZWERKSTATT
← FINISHING
LASER CUTTER →
TEXTILE LAB →
ELEKTRONIK →
HOBBYWERKSTATT →
SHOP →
FRONT DESK →
EXIT →
← SCHOOL OF MAKERS
← WC
← LOUNGE

W wirtschafts**raum**

„Persönlichkeiten werden nicht durch schöne Reden geformt, sondern durch Arbeit und eigene Leistung!“

Albert Einstein

chaftskammer Wien
Bildung und Lehre
Für Wien
Das Herz der Wirtschaft schlägt in Wien
Vienna – Feel the heartbeat of business
unternehmerin
Tradition trifft Innovation

Schaffe. Schaffe. Leopoldstadt.

Der große antike Redner Demosthenes meinte bereits einige Jahrhunderte vor Christi Geburt: *„Der Ausgangspunkt für die großartigsten Unternehmungen liegt oft in kaum wahrnehmbaren Gelegenheiten.“* Welch tolle Chancen Wirtschaft bieten kann, zeigt unter anderem auch die Wirt schaftskammer Wien auf. Sie informiert und begleitet engagierte Menschen auf ihrem Weg in die Selbständigkeit.

Auch hält der amtsführende Wirschaftsstadtrat für Wien, Peter Hanke, in seinem Vorwort der Publikation „Wirtschaftsstandort 2020 - Wien in Zahlen“ fest: *„Alle 55 Minuten wird in Wien ein neues Unternehmen gegründet und unsere Produktivität ist überdurchschnittlich.“* Tatsächlich sind es die vielen kleinen Wirtschaftsbetriebe und Arbeitgeber, die für Kaufkraft und sozialen Wohlstand in einer Gesellschaft sorgen. Wirtschaft spielt also eine ganz zentrale Rolle für ein funktionierendes und florierendes System. Ob Telekommunikation, Energiewirtschaft, Bank- oder Versicherungswesen – längst haben auch die „Großen“ die Repräsentations- und Strahlkraft der Leopoldstadt für ihre Zwecke erobert. Sie bieten Sicherheit und Stabilität für viele tausend Menschen im Bezirk und in der gesamten Stadt. Durch den Wasserweg Donau und das so wichtige Logistik- und Verteilzentrum des Wiener Hafens nimmt der Zweite auch eine zentrale Position im Bereich Güterverteilung und Nahversorgung ein. „Business so weit das Auge reicht!“, heißt es also hier. Am Wirtschaftsstandort Leopoldstadt.

Die jährliche Wirtschaftsleistung aller Wiener Betriebe beträgt etwa 100 Milliarden Euro.
2020 wurden in Wien nahezu 114.000 aktive Wirtschaftskammermitglieder gezählt – mehr als 7.100 davon firmieren in der Leopoldstadt. Im Jahr 2020 wurden außerdem über 8.500 neue Unternehmen in Wien gegründet.

Mitten im Zweiten – für Wiens Wirtschaft.

Die Leopoldstadt ist ein pulsierender, bunter und kreativer Bezirk. Seit 2019 ist auch die Wirtschaftskammer Wien Teil dieser Dynamik. Das passt hervorragend zusammen. Hier, im Haus der Wiener Wirtschaft am Praterstern, bündelt die Wirtschaftskammer Wien alle Services und Dienststellen und ist somit die modernste Interessenvertretung Österreichs, mit vielen Vorteilen für Wiens Unternehmerinnen und Unternehmer. Nirgendwo sonst in Österreich gibt es mehr Beratungen, Workshops und weitere Info-Angebote für Unternehmen auf 3.000 Quadratmetern an einer Adresse. Das heißt auch eine optimale Erreichbarkeit, kürzere Wege im Haus und natürlich Barrierefreiheit. Die Wirtschaftskammer Wien ist Sprachrohr und Interessenvertretung aller Wiener Betriebe gegenüber Politik, Verwaltung und Öffentlichkeit und zählt ebenso zu Österreichs größten Bildungsanbietern.

Die Wirtschaftskammer Wien artikuliert die speziellen Anliegen einzelner Gruppen und Branchen ebenso wie die gemeinsamen Interessen der gesamten Wirtschaft. Ihre Stellungnahmen zu Gesetzesentwürfen und das Mitwirken in Kommissionen stellen sicher, dass bei allen Entscheidungen in Wien die Anforderungen der Wirtschaft berücksichtigt werden. Mit gezielten Initiativen wird dafür gesorgt, dass die rechtlichen und wirtschaftspolitischen Rahmenbedingungen laufend an die Anforderungen der Wiener Unternehmen angepasst werden. Und das alles mitten im Herzen der Leopoldstadt.

„Wir entwickeln für jede Aufgabe die effizienteste Lösung!"

inspektionsaffine**überflieger**

Sie sind in einem Tempel der Innovation und Inspiration eingemietet. Einem Hub für Start-ups und junge, vor allem technikaffine Durchstarter, die ihren Ideen Flügel verleihen möchten. Die der Überzeugung sind, dass ihr Werk die Welt verbessern oder zumindest ein Stück weit besser machen könnte. In diesem Haus am Beginn der Praterstraße im Herzen der Leopoldstadt tut man das. Man vernetzt, ermöglicht, unterstützt. In erster Linie aber beschleunigt man. weXelerate heißt der Beschleunigungstempel und das Unternehmen, dessen CEOs und Founder wir heute treffen, nennt sich Smart Inspection.
Wir wollen wissen, was sie denn so alles inspizieren, mit welchen Gerätschaften sie dabei zu Werke gehen und wieso das alles noch dazu intelligent sein soll.
Michael Elias (geb. 1985) und Patrick Enzinger (geb. 1988) sind die beiden Geschäftsführer von Smart Inspection und laden uns in ihr Büro ein, das uns schon beim Betreten begeistert. Von der Decke hängen kleinere und größere Drohnen und zu ebener Erde stehen oder liegen Roboter, die für unterschiedlichste Inspektionseinsätze konstruiert bzw. ausgestattet wurden. „Unser Hauptaufgabengebiet sind Drohneneinsätze", erzählt uns Michael, der ausführt, dass das Ziel der Inspektionen vor Ort eine automatisierte Fehlersuche durch sogenannte künstliche Intelligenz ist. Dazu lässt man die Drohne um Bauwerke oder Gebäude fliegen, inspiziert Fernwärme-Leitungen mittels hochentwickelter Thermografiekameras oder befliegt Windkraft- oder Photovoltaikanlagen, um eventuelle Schäden frühzeitig feststellen zu können. „Wir inspizieren aber auch indoor, beispielsweise Industrieanlagen, große Produktionshallen oder Kraftwerke", ergänzt Patrick, der bei Smart Inspection ebenfalls für die strategische Geschäftsentwicklung verantwortlich zeichnet. Begonnen hat das alles für die beiden gelernten Techniker, die ursprünglich beim Kraftwerk Simmeringer Haide und im Vertrieb der Wien Energie GmbH beschäftigt waren, im Jahr 2017 mit einer „Innovation Challenge", einem internen Ideen-Wettbewerb.
„Mit unserem Projekt *Smart Drone Inspection* konnten wir die *Innovation Challenge 2017* gewinnen", erzählen die beiden Jungmanager stolz, die schließlich 2020 ihr eigenes Unternehmen in den Wiener Stadtwerken gründeten. Die Stadtwerke und Wien Energie stehen hinter dem innovativen Spin-off und unterstützen neben den beiden Masterminds mittlerweile auch schon 10 Mitarbeiter und Mitarbeiterinnen, die in Entwicklung, Vertrieb und Inspektion eingesetzt sind.
Wohin die Reise für das junge Team auch noch führen mag, man darf jetzt schon stolz auf die Innovationskraft „Made in Leopoldstadt" sein. Die Einsatz- und Anwendungsbereiche für Inspektion systemerhaltender Infrastruktur scheinen unerschöpflich zu sein. Umso wichtiger wird es sein, künftig verstärkt intelligente Technologie einzusetzen, um einerseits erhebliche Kosten für aufwendige Arbeitseinsätze zu sparen, andererseits auch, um Menschen so weit wie möglich von Gefahrenbereichen fernzuhalten. Wir wünschen weiterhin viel Erfolg.

Ing. Patrick Enzinger, MSc | Ing. Michael Elias

zehn**zwanzig** - Praterstraße

KUNDENDIENST

Breiter Mix an „kleinen" Arbeitgebern. Small is beautiful.
Trotz modernster Firmenzentralen, Konzernsitzen und global agierender Unternehmen durchzieht den zweiten Wiener Gemeindebezirk ein dichtes Geflecht an kleinen Läden, Handwerks- und Gewerbebetrieben sowie Dienstleistern. Sie alle bilden das Rückgrat der Wirtschaft im Zweiten. Am Arbeitsort Leopoldstadt sind etwa 70.000 Beschäftigte tätig, wobei an die 10.000 Personen davon auch hier im Bezirk wohnen. 34 Prozent der Menschen, die hier arbeiten, sind im Bereich Finanzen und Beratung tätig, 12 Prozent in der IT, 9 Prozent im Handel, 7 Prozent im Bildungsbereich und etwa 6 Prozent in der Gastronomie.

„Ohne Fleiß kein Preis!"

autoreparierender**familienmensch**

Würde man die exakte Mitte der Türkei suchen, so wäre Sarikaya in der Provinz Yozgat wohl ziemlich nahe dran. Das kleine Städtchen in Zentralanatolien, das etwa 730 Kilometer östlich von Istanbul liegt, zählt aktuell knapp 20.000 Einwohner. Bis zum Mexikoplatz, wo Kenan Yalcin heute wohnt, sind es übrigens 2.290 Kilometer. Es war im Jänner 1984, als Kenan in Sarikaya geboren wurde. Die eigene kleine Landwirtschaft war für die Familie Einnahmequelle und Lebensgrundlage zugleich. Als Kenan fünf Jahre alt war, machte sich sein Vater auf nach Europa und landete glücklicherweise in der Leopoldstadt. Dort legte er für sich und seine Familie den Grundstein für ein besseres Leben. Im Alter von fast neun Jahren kam dann auch Kenan samt Mutter und Bruder nach Wien – und sollte für immer bleiben. „Als ich im Winter 1992 nach Wien gekommen bin, habe ich kein einziges Wort Deutsch gesprochen", erinnert sich Kenan, der sympathische Automechaniker, der uns zum Gespräch in seine Autowerkstatt in eines der Viadukte in der Helenengasse bittet. Den Standort übernahm er im Mai 2022 und kann sich heute über eine sehr gute Auslastung nicht beschweren. Dank seiner nahen Wohnadresse in der Vivariumstraße kann Kenan zu Fuß in die Arbeit gehen. Aktuell unterstützt ihn sein Bruder in der Werkstatt – der rege Kundenzulauf macht es aber notwendig, über weiteres Personal nachzudenken. Kenan, der seine Automechanikerlehre bei Porsche Leopoldau absolviert hat, ist ausgebildeter KFZ-Techniker und Systemelektroniker. Obwohl Autos heutzutage mit Elektronik überladen sind, weiß Kenan als Mechaniker der alten Schule, wie man selbst komplexe Motoren und Getriebe repariert. „Wir servicieren bei uns alle Marken, lassen jedoch die Finger von Fahrzeugen, die uns nicht so geläufig sind", gibt Kenan zu, dem faire Beratung von großer Bedeutung ist. „Ich werde keinem Kunden zu einer Reparatur raten, wenn es sich wirtschaftlich nicht mehr auszahlt", meint Kenan, dessen Klientel zum Großteil aus Privatkunden besteht. Auf seiner Kundenliste sind auch ein paar Firmen mit jeweils über dreißig Fahrzeugen zu finden, die für eine gewisse Grundauslastung der Werkstätte sorgen.
Privat ist der sympathische und ruhige Werkstattbesitzer ein begeisterter Familienmensch. Wann immer es geht, besuchen er, seine Frau und die beiden Kinder Kenans Eltern am Mexikoplatz. „Nachdem meine Eltern mit mir und meinem Bruder nach Wien gekommen sind, haben sie noch drei Buben und ein Mädel bekommen", lacht Kenan, der sich immer wieder freut, alle gemeinsam zu treffen. Wir spüren, dass die Familie eine wichtige Energiequelle für ihn darstellt, und freuen uns über seine Begeisterung, wenn er von den Treffen und langen Spaziergängen in der Prater Hauptallee spricht. 2002 erhielten Kenan und seine Familie die österreichische Staatsbürgerschaft. Der begeisterte Fußballfan, der selbst über neun Jahre im Dress des ASK Elektra in der Wehlistraße spielte und es bis in die Kampfmannschaft und immerhin in die Oberliga B schaffte, absolvierte auch die Schiedsrichterprüfung. Einige Jahre leitete er Nachwuchsfußballspiele in Wien. An der Leopoldstadt, in der er mittlerweile fast sein ganzes Leben zugebracht hat, mag er „einfach alles", streicht aber dann doch den Mexikoplatz und seinen Lieblingsort vor der Kirche am Kinderspielplatz heraus. Wenn er seine und die Kinder seiner Geschwister herumtollen sieht, weiß er, dass die Welt hier noch in Ordnung ist. „Irgendwann", sagt Kenan, „möchte ich eine Weltreise machen." Starten soll das Ganze, verrät er uns auch noch, in Afrika, dessen unterschiedliche Kulturen und bunte Vielfalt Kenan besonders ansprechen. Es freut uns, einen weltoffenen, gutherzigen und vollkommen in sich ruhenden Zeitgenossen kennengelernt zu haben. Ein Beispiel Mensch, der gerade in diesem Buch einen mehr als berechtigten Platz hat.

Kenan Yalcin

zehn**zwanzig** - Helenengasse

Direkter geht´s wohl nicht.
Direkt am Auwald des grünen Praters. Direkt an der U2 und der Trabrennbahn Krieau.
In unmittelbarer Nähe des Stadion Centers, des Ernst-Happel-Stadions und des WU-Campus.
„Viertel Zwei" nennt sich dieser coole Ort in der Leopoldstadt, der Wohnen, Arbeiten, Kulinarik und Kultur an einem Ort und in einem architektonisch ansprechenden Umfeld verbindet.
Direkt empfehlenswert.

Schon alleine der Name des renommierten Elektrohändlers klingt wie der eines altbekannten Freundes. Kaum jemand kennt ihn nicht, den berühmten Schriftzug, der jahrzehntelang in großen Leuchtlettern am Wiener Praterstern zu lesen war. „Radio Stohlhofer" stand dort und der Name ist bis heute nicht nur vertraut, sondern thront auch wie ein unverwüstliches Qualitätssiegel über dem Geschäft. Und Qualität ist sicherlich eine der Grundfesten dieses Traditionshauses der Leopoldstadt.
Seit 1958 ist der zweite Bezirk die Heimat des Fachgeschäftes der Haushalts- und Unterhaltungselektronik. Als die Brüder Herbert und Raimund Stohlhofer 1948 ihr Geschäft eröffneten, steckten elektrisch betriebende Geräte noch in den Kinderschuhen. Im ersten Geschäft auf der Wiedner Hauptstraße wurden anfangs nur Bügeleisen verkauft. Tatsächlich war auch immer nur eines dieser heißen Eisen in der Auslage des Ladens zu sehen. „Erst wenn ein Kunde ein Bügeleisen kaufte, wurde ein neues beim Großhändler geholt", lächelt Herbert Stohlhofer, der Sohn des gleichnamigen Unternehmensgründers, der 1960 in Wien geboren wurde. Wir treffen ihn und seine Schwester Evelyn zum Gespräch im Geschäft auf der Praterstraße. Der zweite Verkaufsstandort ein Stück weiter vorne, eben an jener bereits erwähnten Stelle am Praterstern, wurde bereits 2014 geschlossen. Wir erfahren von den Geschwistern, dass es früher sogar sieben Stohlhofer-Filialen in Wien und zwei weitere im Burgenland gab. Während sich Herbert um alle Ein- und Verkaufsagenden kümmert, ist Evelyn, die zwei Jahre älter als ihr Bruder ist, für die Bereiche Buchhaltung, Lohnverrechnung und Zahlungsverkehr zuständig. „Unser Vater war bis 1993 aktiv mit uns im Geschäft tätig", erzählt Evelyn, die uns auch von der unkomplizierten und reibungslosen Betriebsübergabe des Vaters an seine beiden Kinder berichtet. Vater Stohlhofer war auch der Gründer des FUNKBERATER-Rings, woraus die heutige Euronics Austria hervorging, die unter dem Label RED ZAC firmiert. Angeschlossene Handelsbetriebe profitieren hier von gemeinsamen Einkaufs- und Werbestrategien. Etwa zwei Drittel des Gesamtumsatzes werden mit Produkten der Haushaltselektronik erzielt und durch eine gute Online-Präsenz werden mittlerweile etwa 20 Prozent des Geschäftes über das Internetportal eingefahren.
In ihrer Freizeit liebt es Evelyn in ihrem Garten zu arbeiten, sich sportlich beim Wandern, Langlaufen oder Skifahren zu betätigen oder ganz einfach zu faulenzen. Außerdem malt die kommunikative Geschäftsfrau leidenschaftlich gern und ihre Bilder können sich wirklich sehen lassen. Auf eine einsame Insel würde sie viele Bücher und Prosecco mitnehmen, erfahren wir mit einem Augenzwinkern von der sympathischen und gastfreundlichen Businesslady. Bruder Herbert hält sich ebenfalls mit Radfahren, Golfspielen oder Skifahren fit. Außerdem liebt er es zu kochen und verwöhnt seine Lieben mit seinen kulinarischen Highlights wie Spargel mit Beiried. Auf seine Insel würde ihn wohl ein griechischer Philosoph begleiten, mit dem er endlose Gespräche führen könnte. An der Leopoldstadt schätzen die Unternehmer die Multikulturalität, die an jeder Ecke im Bezirk spürbar ist, natürlich auch das Treiben am Karmelitermarkt und insgesamt dieses urbane Stadterlebnis mit der gleichzeitigen Nähe zum Grünen. Am liebsten sind beide aber in ihrem Geschäft auf der Praterstraße und tun das, was Stohlhofers seit Jahrzehnten eben so tun: Beraten, begeistern, Handel treiben und Menschen einfach glücklich machen.

Mag. Evelyn Hamerle-Stohlhofer | Herbert Stohlhofer

zehn**zwanzig** - Praterstraße

„Wir haben mit nur einem Bügeleisen begonnen!"

„Das Vergnügen
macht sich
über kurz oder lang
immer bezahlt!"

William Shakespeare

Break
ing

amüsier**grätzel**

Schön ist so ein Ringelspiel ...

Kennen Sie eigentlich die „Gesengte Sau" oder die „Wilde Maus"? Sind Sie vielleicht schon mit dem „Rollerball" oder dem „Zug des Manitu" hoch oben durch Pratersche Lüfte gesaust? Zaubern Ihnen „Tagada", „Toboggan", „Break Dance" oder „Black Mamba" ein Lächeln auf Ihren Adrenalinkick-verwöhnten Mund? Sehr gut – dann kennen Sie also den Wiener Wurstelprater, das Amüsiergrätzel in Wien. Zunächst aber ein paar wichtige Fakten: Der Wurstelprater verdankt seinen Namen der Volkstheaterfigur des „Hanswurst" von Josef Anton Stranitzky. Sein Wahrzeichen am Eingang des Praters, das Riesenrad, ist weithin über die Bezirksgrenzen hinaus sichtbar und bietet einen vorzüglichen Blick über den weitläufigen Vergnügungspark, der sich im Nordwesten des anschließenden Prater-Erholungsgebietes befindet. Eine erste urkundliche Erwähnung des Volkspraters findet sich übrigens schon aus dem Jahr 1825. Eine damals erstellte Liste des aktuellen Praterangebotes nannte unter anderem: „Vogelschießen", „Mechanische Künste" oder auch die „Ausschank neben der kaiserlich-königlichen Schwimmschule". Und bis heute gibt es kaum einen einzigen Tag, an dem sich der Prater nicht weiterentwickelt, erneuert oder modernisiert hätte. Digitialisierung und technischer Fortschritt sind nirgends anders so sichtbar wie hier im Wiener Prater. Doch egal, wie hoch, wie weit oder wie schnell uns die heutigen Fahrgeschäfte und Attraktionen auch mitnehmen – der Prater ist und wird immer eines bleiben: ein Ort, der alle Menschen zum Staunen, Lachen und Glücklichsein verführt.

Ganz egal, in welchem Winkel der Erde man sich über Wien und den Zauber dieser faszinierenden Stadt unterhält, es wird wohl keine zwei Sätze lang dauern, bis dabei das Wort Riesenrad fällt. Anders wäre es wohl auch kaum möglich, zählt diese Wiener Institution am Eingang des Wurstelpraters doch zu den Top Sehenswürdigkeiten unserer Stadt. Und das mittlerweile seit bewundernswerten 125 Jahren. Sie haben richtig gelesen, es war exakt am 3. Juli 1897, als anlässlich des 50. Thronjubiläums von Kaiser Franz Joseph I. die offizielle Eröffnung des Wiener Riesenrades erfolgte. Das Jubiläum des damit ältesten Riesenrades der Welt wurde im Sommer 2022 natürlich ausgiebig gefeiert. Gewinnspiele, tolle Jubiläumsangebote sowie ein ganz besonderes Theatererlebnis huldigten dem Anlass entsprechend. Bei letzterem konnten die Besucherinnen und Besucher, hautnah in das Stück eingebunden, die Geschichte des Rades auf eindrucksvolle und amüsante Art erleben. Federführend verantwortlich dafür, dass sich das Riesenrad unaufhaltsam dreht und hunderttausenden Menschen jährlich einen faszinierenden Blick über den Prater und ganz Wien ermöglicht, sind drei Damen. Dorothea, Nora und Tessa Lamac sind unermüdlich im Einsatz und leisten täglich ihren „Radldienst" für alle Freunde schwindelerregender Höhen. „Besonders stolz sind wir darauf, dass sich das Rad seit den 1950er-Jahren in Familienbesitz befindet", berichtet Dorothea Lamac, gelernte Rechtsanwältin, die bereits ihr gesamtes Leben mit dem Riesenrad verbunden ist. Mit ihren beiden Töchtern, Nora und Tessa, wird das Traditionsunternehmen nun bereits in vierter Generation von der Familie Lamac geführt. Die Aufgaben sind klar verteilt. Während Nora für die operative Geschäftsführung sowie sämtliche Marketingagenden verantwortlich ist, kümmert sich Tessa, die nebenbei auch noch einen Vollzeitjob in einem Konsumgüterunternehmen hat, um die Buchhaltung und die Abrechnungen der Gesellschaft. Mag beim ersten Hinschauen auf das Rad der Eindruck entstehen, dass sich die Geschäftsaktivitäten nur um das „Im-Kreis-Fahren" drehen, so erfährt man rasch, dass noch einiges mehr dahintersteckt. So bietet das Riesenrad mit all seinen sichtbaren und versteckten Zusatzflächen wie dem Salettl oder dem Panorama tolle Möglichkeiten für Events aller Art.

Trotz manch turbulenter Zeit im Laufe der Geschichte dreht das Wiener Riesenrad unaufhörlich und mit konstanter Geschwindigkeit seine Runden. Pro Sekunde legt es dabei einen gemütlichen Dreiviertelmeter zurück und erreicht an seinem obersten Punkt eine Höhe von fast 65 Metern. Um eine Vorstellung von den gigantischen Leistungen damaliger Ingenieurskunst zu bekommen, sei noch erwähnt, dass das Gesamtgewicht der Eisenkonstruktionen des Rades über 430 Tonnen ausmacht. Und abschließend noch eine große Bitte an Sie, verehrte Leserinnen und Leser: Sprechen Sie im Beisein der Riesenrad-Familie bitte niemals von Gondeln. Am Wiener Riesenrad hängen 15 Waggons und neuerdings zusätzlich auch noch eine offene Glasplattform, welche pünktlich zum 125-jährigen Jubiläum für Wagemutige, die sich im Freien einen neuen Prater-Adrenalinkick sichern möchten, installiert wurde.
Kommen! Fahren!

Nora Lamac, BSc | Dr. Dorothea Lamac | Tessa Lamac, MSc
zehn**zwanzig** - Riesenradplatz

„Wir sind Riesenrad!"

Das Riesenrad wurde 1896 von den englischen Ingenieuren Walter B. Basset und Harry Hitchins geplant. Ausführender Chefkonstrukteur war Hubert Cecil Booth. Die offizielle Einweihung erfolgte im Juli 1897. Nur wenige Menschen konnten sich damals den Fahrpreis leisten. Jene, die es konnten, waren begeistert von diesem Wunderding der Technik, das bis zu diesem Zeitpunkt nie dagewesene Ausblicke über den Prater und Wien ermöglichte.

64,75 Meter hoch. 430 Tonnen schwer.
Ursprünglich drehte das Wiener Riesenrad mit 30 Waggons seine Runden. Aus Sicherheitsgründen wurden nach dem Zweiten Weltkrieg nur mehr 15 aufgehängt. Eine Runde dauert im Durchschnitt etwa 15 Minuten. Zeit genug, um den herrlichen Rundumblick zu genießen und das eine oder andere am Horizont zu erblicken.

Natürlich gibt es größere Riesenräder wie beispielsweise das „Ain Dubai" in den Vereinigten Arabischen Emiraten, das eine Höhe von 260 Metern und einen Durchmesser von 250 Metern aufweist. Schönere als das Wiener Riesenrad, das übrigens auch das älteste der Welt ist, gibt es aber wohl kaum.

Ob Film, Fernsehen, Radio oder Printmedien – seit Jahren taucht er immer wieder in den unterschiedlichsten Praterberichten auf. Eine Frage beschäftigt dabei die Medienmacher ganz besonders: „Wie wird man zur Praterlegende?" Und weil auch wir das wissen wollen, bitten wir Heinrich Holub, besser bekannt als Praterheinzi, zum Interview ins „Gösser Eck", ein typisches Wiener Beisl mitten im Prater. Schon beim Betreten des Lokals wird klar, dass wir es hier tatsächlich mit einer ebenso bekannten wie beliebten Person zu tun haben. Einige Gäste inklusive Beislpersonal samt Chef begrüßen Heinrich freundlich. Man kennt ihn und zollt ihm den ihm gebührenden Respekt. Kein Wunder, verbringt der sympathische und immer noch topfitte Pensionär bereits seit über sechzig Jahren seine Zeit im Wiener Wurstelprater.
Heinrich Holub wurde 1943 in Wien geboren und wuchs in Hernals und bei seiner Großmutter in Kierling auf. Er liebte Sport, besonders Radfahren und Schwimmen, und nahm in der Schule auch sehr erfolgreich an Schwimmmeisterschaften teil. Sein Freiheitsdrang und seine jugendliche Neugierde führten ihn 1960 zum ersten Mal mit seinem Moped nach Italien. Als ob das Schicksal seine Hände mit im Spiel gehabt hätte, entspann sich eine Leidenschaft für Land und Leute. Der Grund dafür sollte ihm erst einige Jahre später bewusst werden. „Ich habe damals als Elektromechaniker-Lehrling im grafischen Maschinenbau gearbeitet", erzählt uns Heinrich, der zu dieser Zeit unbedingt seinen Führerschein machen und sich ein Auto zulegen wollte. Da er pro Woche aber nur etwa 90 Schilling verdiente, musste ein zusätzlicher Job her. Dem fleißigen jungen Mann kam zu Ohren, dass „sie im Prater immer Leute suchen". Heinrich schwang sich auf sein Moped und machte sich auf in den seinerzeit noch berühmt-berüchtigten Prater. Niemals hätte er sich gedacht, dass aus dieser Fahrt in den „zweiten Hieb" eine Liebe fürs Leben entstehen sollte.

Eine Symbiose, von der es in dieser Art wohl keine Zweite gibt. Die Ära des Praterheinzis nahm 1961 ihren Anfang und sollte bis heute andauern. Kein Geringerer als die Praterlegende Alexander Schaaf nahm damals den Jungspund unter seine Fittiche. Von der Pike auf lernte er das Schaustellergeschäft und alles, was einen ordentlichen Pratermitarbeiter ausmacht. In seiner Anfangszeit führte er tausende Menschen über das Förderband hinauf in das berühmte Calypso-Lachkabinett. An einem einzigen Abend konnte er bis zu 80 Schilling verdienen, was für damalige Verhältnisse einem Spitzenverdienst gleichkam. Im Sommer 1962 nahm die Familie Schaaf Heinrich in ihrem Haus auf und der Praterheinzi zog erstmals offiziell in den Prater. 11 Jahre lang wohnte er bei der Familie und entwickelte sich in dieser Zeit zu einem Prater-Allrounder der Extraklasse. An der legendären „Zielrinne" animierte er auf seine charmante und einnehmende Art täglich unzählige Spielwillige, ihr Glück zu versuchen. Und das höchst erfolgreich. Die Kassen klingelten.
Im Rahmen des Schausteller-Kongresses 1972 in Wien, an dem Heinrich seit 1971 alljährlich als stolzer Fahnenträger des Wiener Schaustellerverbandes teilnimmt, lernte er seine Frau kennen. Ihre Familie, ebenfalls in diesem Business tätig, stammt aus Padua in Italien. Vierzig Jahre lang waren die beiden unzertrennlich, bis seine große Liebe 2013 verstarb.
Heinrich ist seit 2004 in Pension und lebt heute nahe bei Wien in Tulbing. Wann auch immer ihn der Ruf der Standler und Fahrgeschäftsinhaber aus der Leopoldstadt ereilt, ist er zur Stelle und repariert und wartet alles, was zum Vergnügen der Menschen beiträgt. Von Schießbudengewehren über Motoren der Elektroautos bis hin zu gebrochenen Rahmenteilen – Heinrich bringt alles wieder zum Laufen, Drehen, Blinken und Schießen. „Die Menschen verändern sich und die Technik verändert sich, der Prater aber bleibt der Prater", gibt uns der große Praterheinzi noch mit auf den Weg. Und auch seine Legende wird bleiben. Ganz bestimmt.

Heinrich Holub alias „Praterheinzi"

zehn**zwanzig** - Prater

„Ich habe 1961 an einem Abend 80 Schilling verdient!“

2021 wurde Heinrich Holub mit einer Ehrenurkunde vom Praterverband für 60 Jahre Pratertätigkeit ausgezeichnet.

Alle lieben ihn. Jeder geht gerne hin. Und entdeckt ständig Neues.
Ganz egal, ob Sie in Wien wohnen oder hierher auf Urlaub kommen. Der Prater ist ein ganz besonderer Ort in unserer Stadt. Natürlich haben die Hochschau- und Geisterbahnen ihren Reiz und auch alles, was sich schnell dreht und in allen Farben blinkt und leuchtet. Aber alleine schon ein Spaziergang durch die Pratergassen, vorbei an den Fahrgeschaften und Spielhallen, ist ein freudvolles Erlebnis. Keine Sekunde vergeht ohne Staunen. Ohne neue Entdeckung. Das macht unseren Prater so einzigartig. Das hält ihn lebendig. Und für immer interessant.

D2

CHSCHAUBAHN
70 Jahre

BOOME

ERANG

„Probieren weckt die Lust zum Kauf!"

Euripides

N nahversorgung

VISA

nah**versorgung**

Alles da. Im „Hausschlapfenradius".

Natürlich denkt man bei Nahversorgung zuallererst an Märkte und Geschäfte, die einem fußläufig all das anbieten, was man zum täglichen Leben braucht. Und an Märkten und Geschäften mangelt es zweifelsohne nicht in der Leopoldstadt. Feines Feilbieten von Köstlichkeiten und echtes Markttreiben findet man übrigens unter anderem am Volkert-, Vorgarten- und am Karmelitermarkt, den bekannten Marktplätzen im Bezirk. Das klassische Marktangebot von Früchten und Gemüse, Back- und Fleischwaren oder Krämerware wird, wie auf vielen anderen Wiener Märkten, nach und nach um kulinarisches Angebot erweitert. Das zieht konsumfreudige Kundschaft auch unter der Woche an. Coole Begegnungszonen für Jung und Alt werden so zu Insidertipps.

Aber – um den Einleitungssatz dieser Kolumne sinngemäß fortzuführen – zur Nahversorgung eines *„engeren geografischen Wohnumfeldes"* gehört noch viel mehr als Milch, Brot, Gurken, Jeans und Sandalen. Unzählige Dienstleister und Gewerbebetriebe, die für das Wohlbefinden im Zweiten sorgen, stehen mit Rat und Tat, Nadel und Faden sowie Werkzeug und Expertise zur Verfügung und frisieren, tapezieren, reparieren, chauffieren oder installieren, was das Zeug hält. Und das im „Hausschlapfenradius". Denn das Gute liegt so nah.

Wien
Marktamt
Markt-
gebiet
Stadt
Wien
SALON AM MARKT
130
Tandelmarktgasse 1 | 1020 Wien

Wo Feinstes feilgeboten wird.

Duftendes Obst und Gemüse, feinste Käsespezialitäten, Frischfleisch, Blumen, knackiges Brot, Marmeladen, Säfte und was Herz und Auge sonst noch so alles erfreut, finden die Menschen der Leopoldstadt auf ihren Märkten. Ob Karmeliter-, Vorgarten- oder Volkertmarkt – die Verkaufs- und Gastrostände auf den belebten und beliebten Einkaufsplätzen im Bezirk sind längst schon wienweit bekannt und ziehen Frische- und Qualitätsverwöhnte an. Wie beschreibt die Stadt auf ihrer Website unsere Wiener Märkte so schön: *„Die typischen Ladenzeilen ermöglichen ein basarähnliches Flanieren im Marktinneren."* Wie wahr, wie wahr!

„Frisches Bier für alle!"

Mag. phil. Marion Hülber und MMag. Dr. Ute Stutzig hier im Bild mit Stephan (v.l.n.r.)

Kennen Sie eigentlich die Erzählung von Enkidu aus dem babylonischen Epos über Gilgamesch? Falls nicht, überhaupt kein Problem. Googeln Sie die Geschichte einfach und Sie werden über die Erlebnisse des Sumererkönigs und seines seltsamen Begleiters staunen. Was dieses zottelige, wilde Wesen aber schließlich zum Namensgeber der Biermarke von Stephan Hülber werden ließ, ist leicht erklärt. Es war nämlich so, dass Enkidu erst lernen musste, wie man Bier trinkt und Brot isst, ehe seine Menschwerdung vollzogen werden konnte. Nun ist es sicherlich nicht so, dass Stephan und seine Brauereimannschaft damit zwingend implizieren möchten, dass echte Menschwerdung nur mittels Bierkonsum zu erreichen sei – oder vielleicht doch ein wenig?
Sei es, wie es sei! Die Biermarke der jungen Brauer, deren Geschäft in der Leopoldstadt firmiert, hat jetzt diesen coolen Namen und beabsichtigt mit ihren bis dato vier Sorten, in Kürze das „frischeste Bier Wiens" zu liefern. „Wir gründen die erste Brauerei weltweit, die auf Nachfrage Bier frisch aus dem Tank abfüllt und zu den Kunden nach Hause bringt", bringt Stephan seine Vision mit einem Satz auf den Punkt. Was den Jungbrauer, der 1992 in Wien geboren wurde und aus dessen Händen bereits im zarten Alter von 16 Jahren Selbstgebrautes floss, besonders ärgert, ist altes Bier. Seine Idee, jedermann und jederfrau zu jeder Zeit frisches Bier in die Karaffen zu füllen, verfestigte sich im Laufe der Jahre und führte schließlich 2020 zum Entschluss, eine eigene Brauerei zu gründen. Mithilfe von Crowdinvesting und einem Kapitalgeber, der fest und unerschrocken an Stephans Konzept glaubt, wird bereits fleißig Bier gebraut. Der Braumeister und geschäftsführende Gesellschafter, der das Business gemeinsam mit seiner Frau Marion sowie Geschäftspartnerin Ute Stutzig aufbaut, liebt es, seine eigenen Bierstile zu entwickeln. Mit dem „Grantscherben", dem „Samtgoscherl", dem „Dariwudl" und dem „Pleampl" wurden die Namen der ersten Bierkreationen quasi direkt aus dem Volksmund gefischt und aufs Etikett gedruckt. Und in den Volksmund gehören die köstlichen Hopfen- und Malzprodukte mit ihren speziellen Ergänzungen aus der reichhaltigen Schatztruhe von Mutter Natur auch wieder hinein. Stephan ist ausgebildeter Bioverfahrenstechniker, was seiner Leidenschaft für besondere Bierkreationen sehr zugutekommt. „Eigentlich habe ich studiert, um in der Pharmaindustrie zu arbeiten", lächelt Stephan, der uns bestätigt, dass es eine Vielzahl ähnlicher Prozesse bei der Herstellung von Bier und Pharmaprodukten gibt. In seiner Masterarbeit beschäftigte sich der Hobbykoch und leidenschaftliche Terraristiker übrigens mit den Auswirkungen von unterschiedlichen Hefen auf die Flaschengärung. An Knowhow, Leidenschaft und Wille mangelt es also keinesfalls. „Unsere Tanks sind voll, jetzt geht es erst richtig los", ist der Biersommelier motiviert. Verkauft werden soll auf Märkten mit einer sehr regionalen Ausrichtung. Und natürlich wird auch frisch zugestellt. Das Angebot ist künftig auf kreative Leichtbiere, alkoholarme Biere und Bierhybriden ausgerichtet. Dass Stephan und sein Team von der Brauerei leben wollen, steht fest. Wie schnell all das passieren wird, hängt freilich davon ab, ob und wie die Vision der jungen Brauereimannschaft die Zielgruppe der Frischbierkäufer erreicht und begeistert. Wir halten jedenfalls ganz fest die Daumen. Stephan, für den Enkidu für „Diversität, Sichtbarkeit, Geschichte, soziale Verantwortung und ganzheitliches (Er-)Leben" steht, gibt uns zum Abschluss unseres Gespräches noch sein Lebensmotto mit auf den Weg. „Don´t worry, relax and drink a homebrew!" Machen wir doch sehr gerne!

Stephan Hülber, MSc

zehn**zwanzig** - Vorgartenstraße

„Im Leben
kommt immer
alles zurück!"

Die Autobuslinien 5A und 5B halten quasi unmittelbar vor ihrem Geschäft. Der kleine entzückende Laden mit dem überaus zutreffenden Namen „Schatzeckerl" liegt direkt an der Ecke Malzgasse und Leopoldsgasse. Und wie der Name schon erahnen lässt, werden Secondhandfans und alle, die aufgrund ihrer Lebensumstände günstig einkaufen müssen, dort mit reichlich Kostbarkeiten erwartet.
Monika Ussner, die Chefin und hier rechts im Bild zu sehen, welche das Geschäft 2016 gründete und daraus weit mehr als bloß einen Ort zum Einkaufen machte, empfängt uns gemeinsam mit ihrer Kollegin Beatrix Irmey. Neben Kleidung für Jung und Alt, Schmuck, Bildern, Geschirr, Stofftieren, Puppen oder Dekorationsartikeln finden sich auch

zahlreiche Leckerbissen für echte Schnäppchenjäger. So erfahren wir, dass hier etwa schon ein echtes Prada-Kleid oder auch eine teure blonde Stoppellocken-Puppe die Besitzer gewechselt hat. Das Schatzeckerl ist im Laufe der Jahre aber vor allem ein Platz geworden, an dem man sich mitteilen und austauschen kann und wo man Menschen mit einem großen Herz treffen kann. „Auf Wunsch bekommt man bei uns auch eine Portion Lebensberatung mit", ist Bea stolz auf die Beziehung zu den Kundinnen und Kunden. Und falls es bei dem einen oder anderen einmal am Geld scheitern sollte, drücken die Damen des Hauses auch schon mal ein Auge zu und verschenken hin und wieder eines der Stücke. Tatsächlich können auch wir uns der herzlichen Atmosphäre in dem kleinen Laden, der mit Liebe und Hingabe geführt wird, nicht entziehen. Monikas tiefe Religiosität, ihr soziales Engagement und ihr unerschütterlicher Glaube an das Gute im Menschen sind in jedem Winkel des Schatzeckerls zu spüren. „Die Leute kommen gerne zu uns", sagt sie und ist glücklich, dass sie mit Bea und Irmgard, einer weiteren gute Seele im Geschäft, auch ihr Dreamteam gefunden hat. Möge dieser Ort mit diesem einzigartigen Spirit, den man heute wohl nur noch selten antrifft, ein Platz der Begegnung und des Austausches bleiben. Wir sind froh, diesen Schatz entdeckt zu haben.

Monika Ussner

zehn**zwanzig** - Malzgasse

Z zusammen**treffen**

„Menschen zu finden,
die mit uns fühlen
und empfinden,
ist wohl das
schönste Glück
auf Erden!"

Carl Spitteler

Bretter, die die Welt bedeuten.

„Das Theater bildet mehr als ein dickes Buch", sagte Voltaire, der selbst einer der meistgelesenen und einflussreichsten Autoren seiner Zeit war. Was er jedenfalls erkannte, war diese nicht fassbare, unerklärliche Kraft eines unsichtbaren Bandes zwischen Künstler und Publikum. Eine einzigartige Stimmung und Atmosphäre, die wohl nur das hautnahe Erlebnis des Schauspiels bieten kann. Aber es sind nicht nur die Inhalte, die uns berühren und Botschaften vermitteln, sondern auch – oder vielleicht in erster Linie – jene Menschen, die Theater machen. Ob auf oder hinter der Bühne. Beste Beispiele dafür sind Spielstätten wie das Theater Nestroyhof Hamakom, das Odeon Theater oder das Theater Delphin. Letzteres gerade auch wegen seines ganz besonderen Zuganges zu vorurteilsfreier Begegnung und nachhaltig inklusiven Kunstproduktionen. Wir dürfen zitieren: *„Hier wird mit voller Kraft gegen Vorurteile gekämpft, sodass Besonderheiten von Personen hervorgehoben werden und dabei ganz nebenbei etwas Wundervolles entsteht. Nämlich Theater."*
Ob Theateraufführung, Lesung, Konzert oder Kino unter freiem Himmel – hier im Zweiten wird das kulturverwöhnte Herz ausgiebig verwöhnt. Versprochen!

„Der Wiener Schmäh ist Zen-Buddhismus mit viel Wein!"

Natürlich ist und bleibt er Musiker. Auch wenn er noch so gekonnt ins komödiantische Fach hinüberschielt und auch als Kabarettist eine mehr als passable Figur beweist. Über sein Programm „Der Fiddler ohne Ruf" schrieb der Journalist Peter Blau im Falter: *„Musiker Aliosha Biz verlässt sich vorrangig auf seine Entertainer-Qualitäten. Ungekünstelt und mit charmantem Schmäh bedient er (sich) Klischees und beweist akzentuiert sein multilinguales Sprachgefühl."*
Und es ist tatsächlich so, dass aus seinem grammatikalisch einwandfreien Wiener Deutsch, in das sich über die Jahrzehnte hinweg dieser unverkennbar russische Akzent wie ein sibirischer Bär eingenistet hat, ein eindeutig witziger Unterton heraushörbar ist. Er ist also lustig, wortgewandt und noch dazu ein Geiger von Gottes Gnaden. Respekt!
Aliosha Biz wurde 1970 in Moskau geboren, als das große Rundherum dort noch zur Union der Sozialistischen Sowjetrepubliken gehörte. Und wo ein anständig Begabter zum Violinunterricht noch an die Moskauer Zentralmusikschule geschickt wurde. Bestenfalls danach noch ans Tschaikowsky-Konservatorium. Genau so war es auch. 1989 kam Aliosha dann nach Wien, in die Stadt wo einst seine Großeltern lebten, bevor auch sie von den Nationalsozialisten vertrieben wurden. Seine erste Bleibe in Wien fand Aliosha übrigens in der Leopoldsgasse bei einem österreichischen Kommunisten. Der Weg in den Zweiten stand also bereits von Anfang an fest.

Aliosha studierte klassische Violine an der Musikhochschule Wien. Seit jeher galt seine Liebe aber auch der jüdischen Musik, allen voran der Klezmer Musik. Wörtlich übersetzt übernehmen hier die Instrumente den Gesang und man darf sich sicher sein, dass sich daran nur die Besten heranwagen. Es folgten zahlreiche Engagements renommierter Theater- und Opernhäuser im In- und Ausland, Begleitauftritte großer österreichischer Schauspielerinnen und Schauspieler sowie einige hervorragende Plattenproduktionen. Highlights seiner Karriere waren sicherlich auch die Rollen in mehreren österreichischen Filmen. „Der Wiener Schmäh", erzählt uns Aliosha, der seit 1994 österreichischer Staatsbürger ist, „ist dem russischen sehr ähnlich." Daraus sei auch sein kabarettistisches Dasein entstanden. Die Wuchteln extrahiert er wunderbar aus seinen russisch-jüdischen Wurzeln und begeistert mit Sprache, Aussprache und musikalischen Bonmots. Heute ist Aliosha vierfacher Papa und wohnt mit direktem Blick auf den Prater und das Riesenrad. Seinen persönlichen „Way of Life" sieht er heute als kulturelles Überbleibsel seiner jüdischen Herkunft. Ein gläubiger Jude ist er nicht. Verbindendes Element zu den Menschen ist für Aliosha die Kunst, von der er meint, dass sie die Menschen „geduldiger und achtsamer" machen kann. Die Leopoldstadt ist seine Heimat und spätestens seitdem ein Original-Bierkrug aus dem Schweizerhaus bei ihm zu Hause steht, hat er damit wohl auch die inoffizielle Einbürgerung in die Leopoldstadt geschafft.

Aliosha Biz

zehn**zwanzig** - Ausstellungsstraße

zusammen**treffen**

„Der wahre Schauspieler ist von der unbändigen Lust getrieben, sich unaufhörlich in andere Menschen zu verwandeln, um in den Anderen am Ende sich selbst zu entdecken", sagte einst Max Reinhardt, der es als Theater- und Filmregisseur, Intendant, Theaterproduzent und Theatergründer wissen musste. In der Leopoldstadt spielt man viel. An den unterschiedlichsten Orten und mit unterschiedlichstem Background. Allen Spielstätten, die uns fein vorbereitete Kunst für Auge, Ohr und Herz jeglicher Gattung darbieten, ist gemein, dass sie uns verzaubern und für kurze Zeit aus unserem Alltag mitten in ihr Geschehen ziehen.

Wiener Sängerk

Bitte
keine Fahrrä
keine Handi-
oder
verstärkte Musi

VIKTOR
GERNOT
PRATERBÜHNE

ww.tanzhotel.

Reihe
15

14

Es war im Frühling 2016, als eine ganz besondere Rakete aus dem Volkertviertel in der Leopoldstadt abgefeuert wurde. Mit an Bord waren „12 super-chillige Lieder" und jede Menge gute Laune. Gute Laune vor allem für junge Menschen, denn die Songs waren eher für sie geschrieben. Von nun an waren nicht mehr nur alle Vöglein schon da und hockten mit meinen Entchen lauernd auf der Mauer – nein, jetzt hatten die Kids endlich neue Ohrwürmer auf ihren Chartlisten: Titel wie „Aus die Maus", „Lebensfreude", „Ampelkatze", „Ponyhof" oder „Käsefuß" sorgten für gute Stimmung in den Kinderzimmern und Kindergärten unseres Landes. Und wer weiß, wie unbarmherzig ehrlich Kinder in ihrer Erstkritik sein können, kann beruhigt sein: Das Ding rockte!
Kerstin Ragette, die 1990 in Wien geboren wurde, legte sich also diesen außergewöhnlichen Künstlernamen zu und fliegt seither erfolgreich als Kiri Rakete durch die heimische Musiklandschaft. In ihrer Bio schreibt die Künstlerin über ihre musikalischen Anfänge: „Der Soundtrack meiner Kindheit waren volkstümliche Kinder- und Kirchenlieder sowie Klassik von Ö1 und Radio spielen mit den Brüdern." Über eine etwas holprige Klavierzeit entdeckte sie dann die Gitarre, die seither wie ein weiterer Körperteil an ihr hängt. Mit neunzehn verließ Kiri ihre Heimatstadt und machte sich in die Hauptstadt Frankreichs auf, wo sie „hauptsächlich über den Dächern von Paris gen Montmartre trällerte". Danach kehrte sie in eine kleine Wohnung in die Leopoldstadt zurück. Kiri liebt „diese wunderbare Mischung aus Bobochic, Grätzelurvolk, orthodoxen Juden mit ihren Pelztortenhüten und den wunderschönen Grünflächen."

Die ausgebildete Elementarpädagogin und Mutter eines Sohnes arbeitet ein paar Stunden pro Woche in einer alternativen Kindergruppe. Einer Leopoldstädter, versteht sich von selbst. In ihrer Freizeit hüpft die Kinderliedermacherin, die sich selbst als „ein bisschen verrückt aber sehr nett" bezeichnet, gerne auf ihr Fahrrad und entdeckt radelnd die abwechslungsreichen Bezirksgrätzel. Sie trinkt Kaffee oder Wein, macht Yoga im Augarten, joggt im Prater und lebt ihre Kreativität in jeglich erdenkbarer Form aus. Besonders gut, neben dem Liederschreiben, kann sie „tausend Sachen gleichzeitig machen, nix davon aber ordentlich", erzählt uns das quirlige Energiebündel. Kiri bäckt Kuchen ohne Rezept, flaniert gerne über den Asphalt der Großstadt und würde für ihr Leben gerne 100 Prozent vegetarisch leben, wäre da nicht das „Nordpol 3" mit seinem Schweinsbraten, welcher ihren Plan einmal im Jahr durchkreuzt. Als weitere Lieblingslokale im Bezirk nennt sie uns noch das „Café Einfahrt", das „Ihana" oder das „Fett+Zucker".
Mit ihrer Musik hat Kiri, die mittlerweile schon dreimal im Bezirk umgezogen ist, den Nerv der Youngsters voll getroffen. Aktuell ist bereits ihr viertes Album erschienen und die Künstlerin singt sich auch damit wieder in die Ohren und Herzen ihres Publikums. Wir können nur empfehlen, mal reinzuhören. Ganz egal wie alt Sie sind. Kiris Musik ist frisch, lustig und sinnerfüllt. Stellvertretend für alle Hörerinnen und Hörer ihrer musikalischen Darbietung sagen wir danke. Danke für Botschaften wie diese: *„Lebensfreude ist unbezahlbar – Hände hoch und Herzen startklar!"*

Kerstin Ragette alias „Kiri Rakete"

zehn**zwanzig** - Rueppgasse

„Federvieh, Kaugummi.
Wir sagen: C'est la vie!"

Aus dem Lied „Aus die Maus"

zusammen**treffen**

Gaumenfreuden für Feinspitze und andere Esser.
Koschere Köstlichkeiten oder orientalische? Schnitzel oder Burger? Stelze oder Kaiserschmarren? Und das alles slow oder fast? Sie haben die Wahl. Bei einem Blick in die Leopoldstädter Speisekammer bietet sich den kulinarisch Verwöhnten ein breites Angebot. Neben dem reichhaltig gedeckten Tisch kommt aber vor allem eines nicht zu kurz im Zweiten: Freundliche und friedvolle Geselligkeit. Prost! Mahlzeit!

eskal
Shalom
TAHINI
PIT
ISNOTA
CRI ME
Mit se harf, ohne a lles!
NORMAL
#FALAF
844 344 4

GASTHAUS
ZUM MÄHRISCHEN SPATZEN

Gösser
Faschierter Braten im Speckmantel 13,50€
Juicy Lucy Burger 17,90€
Crunchy Corn Dog 15,90€
Cheesy Sandwich
Gösser
Käsespätzle 13,50€
Gebackener Käse 12,90€
Frische Salat-variation mit Hühnerfilet

REITAG 11°° - 15°°
GLICH
selndes
PEISEN
gebot
daily
E · FRESH ·
AKE AWAY ·
N · CATERING ·
lcome

„Meine Bühne ist mein Zuhause!"

Es waren so in etwa 200 Tage. Genau so lange oder besser gesagt genau so kurz hat er ausgehalten. Drinnen im Bauch seiner Mama. Mit all seiner Willenskraft und Energie drängte er nach draußen. Hinein ins Leben, um sich und der Welt zu zeigen, wer er ist und wozu er imstande ist. Mit knapp über einem Kilogramm Geburtsgewicht musste Rigel jedoch erstmals in den sogenannten Inkubator, einen Brutkasten für Frühchen. Er sollte dort noch ein wenig ausruhen und sich das letzte Quäntchen Reife holen. Reife für ein Leben, das zwar etwas anders ablaufen sollte, als sich das die Flamonds vorgestellt hatten, aber an Inhalt, Sinn und Liebe wohl kaum zu übertreffen ist.

theatererprobter**viertelindianer**

Nun, was auch immer in diesem Inkubator geschehen ist, kann, soll und muss an dieser Stelle nicht weiter vertieft werden. Fakt ist, dass eine spastische Lähmung Rigels linker Körperhälfte zu einer geringfügigen, damals noch nicht festellbaren, mentalen Beeinträchtigung führte. Christine Flamond, Rigels Mutter, ist seit dem ersten Lebenstag ihres Sohnes nicht mehr von seiner Seite gewichen. Die beiden sind ein eingespieltes Team und die Vorbereitung unseres Gespräches sowie unser Besuch zum Fotoshooting im Theater Delphin waren von Respekt, Offenheit und Warmherzigkeit getragen.

Rigel Flamond kam 1981 im kanadischen Vancouver zur Welt, weil seine Mutter zu dieser Zeit in Kanada lebte. Als Rigel vier Jahre alt war, übersiedelten sie nach Wien, wo er seine Schulzeit und frühen Jahre verbrachte. Nach einigen unglücklichen Versuchen, eine gute Lehrstelle zu finden, ermöglichte es ein Zufall, dass sich Rigel bei der Gemeinde Wien bewerben konnte. 2017 trat der engagierte und ehrgeizige Mann seinen Dienst in der Magistratsabteilung 11, Rechtsvertretung der Kinder- und Jugendhilfe, in der Regionalstelle im dritten Bezirk an. Als sogenannter Amtsgehilfe übt Rigel einen ebenso wichtigen wie erfüllenden Job aus und arbeitet dort in der Postverteilung sowie in der Telefonzentrale. Außerdem führt er immer wieder Botengänge in die Zentrale sowie zu anderen Dienststellen durch.

Seine wirklich große Liebe aber gehört dem Theater. Rigel ist Ensemblemitglied am Theater Delphin, einer ganz besonderen Kultureinrichtung unserer Stadt. Das 1998 von Gabriele Weber gegründete Theater setzt sich dafür ein, dass *„Stereotype jeglicher Art aus dem Denken unserer Gesellschaft gestrichen werden, die gesellschaftliche Akzeptanz für Inklusionstheater steigt, Berührungsängste reduziert und das Miteinander gefördert wird."* Im Delphin wird jedenfalls nicht die Behinderung, sondern das Talent der Schauspielerinnen und Schauspieler ins Rampenlicht gestellt.

Am Spielen fasziniert Rigel alles. „Im Theater empfinde ich Lebensfreude", strahlt er, der für das Theater lebt und „Kraft daraus schöpft, weiterzuleben". Besonders gut kann er – neben dem Spielen versteht sich – tanzen, Englisch sprechen und Text lernen. Begeistert sind wir auch von seiner hervorragenden Ausdrucksform.

Als Viertel-Indianer ist Rigel besonders stolz auf seine Schamanentrommel, die es ihm ermöglicht, „mit den Geistern und der Natur der Indianer im Kontakt zu sein". Die Erde und Natur sieht Rigel als ein Geschenk Gottes und wünscht sich, dass die Menschen die Natur gut behandeln und beschützen. Rigel erzählt uns auch von seinem besten Freund Rene, den er vor Jahren kennenlernen durfte. Wir erfahren, dass Freundschaft einen ganz großen Stellenwert für ihn hat und ihm Werte wie Vertrauen, Zuhören und gegenseitiges Verständnis besonders wichtig sind. „Geheimnisse teilen und sich gegenseitig gute Ratschläge und Tipps geben", ergänzt Rigel noch aufgeregt.

Die Tiefe eines Gespräches, sein Inhalt und vor allem wie sehr es uns berührt und was wir daraus in unser eigenes Leben mitnehmen dürfen, hängen nicht von unseren mentalen Fähigkeiten ab. Begegnungen mit Menschen, bei denen Aufmerksamkeit und Wertschätzung einen großen Teil der Interaktion übernehmen, sind jene, die uns ein ganzes Leben lang begleiten und in lieber Erinnerung bleiben. Und das ist so eine!

Rigel Flamond

zehn**zwanzig** - Blumauergasse

leopoldstadttreuer**modellbaufan**

Er wohnt seit über 42 Jahren im Bezirk. Von seiner Wohnung aus kann er sogar zu Fuß in das Klublokal des Modellbauvereins Mexikoplatz gehen. Meistens aber fährt er mit dem Rad. Und Radfahren zählt sowieso zu seinen absoluten Lieblingsbeschäftigungen, immerhin legt er täglich etwa 20 bis 30 Kilometer auf dem Rad zurück und hält sich so fit. „Man hat vor etwa 20 Jahren eine Herzmuskelschwäche bei mir diagnostiziert", erzählt uns Horst Fesl, der 1957 in Mödling geboren wurde. Die Kardiologen stellten damals eine nur 40-prozentige Herzleistung fest und verordneten ihm viel Bewegung. Und das tut er nun seit vielen Jahren konsequent und hat seine Herzleistung bereits auf 80 Prozent erhöht. Heute fühlt sich Horst wohl, genießt seine Pension, die der gelernte Optiker als Frühpensionist bereits 2018 antreten konnte, und liebt es vor allem, seiner Tätigkeit als Obmann im Modellbauverein nachzugehen. „Wir sind hier wie eine große Familie", freut sich Horst und erzählt uns, dass das älteste Mitglied im Verein bereits 83 und das jüngste erst 15 Jahre alt ist. Vom Lehrling über einen Installateur bis hin zum Juristen ist unter den Mitgliedern alles mit dabei. Besonders wichtig ist Horst die Gemeinschaft. Man trifft sich zweimal pro Woche, kocht und isst gemeinsam und bespricht gemeinsame Projekte oder Veranstaltungen. Der Hobbykoch legt dabei auch gerne selbst Hand an. Am liebsten kocht er thailändisch, indisch oder griechisch – je nach Lust und Laune. Zum Verein selbst stieß Horst Mitte der 1990er-Jahre. Auf einer Veranstaltung der Naturfreunde lernte er den damaligen Vereinsobmann kennen. Nach vielen Jahren im Verein übernahm er 2017 dann schließlich die Obmannschaft. Heute sind 31 Mitglieder regelmäßig damit beschäftigt, das 80 Quadratmeter große Modellbahnkunstwerk in Schuss zu halten. Highlights des Modells sind sicherlich die nachgebaute Lindischgrabenbrücke oder die Donaukanalbrücke, welche vollkommen aus Messing und im Maßstab 1:87 nachgebaut wurde. „Stolz sind wir natürlich auf unsere unterschiedlichen Schmalspurbahnmodelle quer durch alle Epochen", erzählt Horst, der uns von der Dampflok bis zum Railjet eine kurze Vorführung der mittlerweile voll digitalisierten Anlage gibt. Er selbst, der schon von Kind auf leidenschaftlich bastelte, ist für die Planung und den Bau der Gebäude und das Arrangement der Häuserblöcke zuständig. Dabei legt er Wert auf möglichst naturgetreuen Nachbau und versteckt auch gerne so manch witziges Detail im Modell – unter anderem konnten wir einen auf dem Schornstein hockenden Rauchfangkehrer mit Klopapierrolle oder eine sonnenbadende Nackte entlang der Zugstrecke entdecken.
Wenn er nicht im Klublokal zu finden ist, so ist Horst auch regelmäßig mit einer Gruppe Freunde auf Erkundungstour durch die Bezirke unserer Stadt. „Es ist wunderbar, wenn wir auf unseren Spaziergängen die Geschichte unserer Stadt hautnah erleben können", schwärmt Horst von den gemeinsamen Touren, die immer bestimmte Schwerpunkte bekommen. Von einer Theater- und Operntour über Ausflüge ins Heeresgeschichtliche Museum bis hin zu einer Tour durch die Gemeindebauten des fünften Bezirkes stand hier schon alles auf dem Programm. In seinem Heimatbezirk, der für ihn „zentral, grün und lebenswert" ist, verschlägt es ihn immer wieder in den Prater oder in einen der Parks in seinem Grätzel. Er liebt die hippen Lokale und die Märkte der Leopoldstadt und kehrt am liebsten im „Brösl", im „Der Burgenländer, die Heurigen-Vinothek" oder im „Stuwer" ein. „Und der Zwiebelrostbraten am Donnerstag beim „Mehler" ist sowieso Pflicht." Na dann, Mahlzeit!

Horst Fesl

zehn**zwanzig** - Mexikoplatz

„Wir sind
hier wie eine
große Familie!"

„Gib jedem Tag die Chance,
der schönste deines
Lebens zu
werden!"

Mark Twain

innenleben

Aus dem Nähkästchen geplaudert.
Was wirklich alles so drinnensteckt in einem Bezirk, erkennt man erst, wenn man sich eine Zeit lang damit intensiv auseinandersetzt. Wenn man sich gut umschaut und das eine oder andere Gespräch führt. So konnten wir beispielsweise erfahren, dass die kürzeste Straße im Bezirk mit nur 25 Metern die Teuffenbachstraße ist, eine kleine Sackgasse. Die längste Straße ist der Handelskai mit insgesamt sechs Kilometern Länge, der wiederum in die Hafenzufahrtsstraße mündet. Insgesamt beträgt die Länge aller Straßen im Zweiten knapp über 104 Kilometer. Wer sich anders in und durch die Leopoldstadt begeben möchte, kann auf Wunsch auch gerne mit U-Bahn, Bim oder Bus kommen. Selbstverständlich darf auch geradelt werden. Mit dem aktuellen Angebot an Radwegen liegt die Leopoldstadt im Wiener Spitzenfeld und wird, nach Fertigstellung des neuen „Mega-Rad-Highways" im Jahr 2024, noch deutlich zulegen.
Wussten Sie übrigens, dass die Leopoldstadt auch ein sehr junger Bezirk ist? Das Durchschnittsalter lag laut einer statistischen Erhebung aus 2020 bei 39,9 Jahren. Von den zirka 105.000 Menschen, die hier leben, ist der Anteil an Männern und Frauen etwa gleich. Außerdem ziehen mehr Menschen zu als weg. Ach ja, und die Anzahl an Hunden lag, ebenfalls 2020 erhoben, bei etwa 2.500. Offensichtlich fühlen sich auch die Vierbeiner hier pudelwohl.

2. BEZIRK

Wie auch immer Sie sich diesem Bezirk nähern, Platz genug ist jedenfalls vorhanden.
So entfallen immerhin 21 Prozent der Gesamtfläche der Leopoldstadt auf Verkehrsflächen. Trotzdem scheint alles im Fluss zu sein und der Bezirk versinkt nicht im Stau und heillosem Autochaos. Alles läuft eher ruhig und gemächlich ab. Pro hundert Menschen im Zweiten wurden laut Statistik Austria im Jahr 2020 nur 31 Autos gezählt – das ist ein verhältnismäßig geringer Wert. Viel Bewegung in und durch den Bezirk passiert also auch mit den Öffis, dem Rad oder zu Fuß.

Übrigens: Seit dem Jahr 2019 ist die Leopoldstadt Mitglied im „Klimabündnis Österreich" und bekennt sich damit also auch ganz offen zum Klimaschutz. Neben einer starken Begrünungsoffensive setzt der Bezirk auch auf Entsiegelung und die Förderung klimafreundlicher Mobilität.

„Meine Arbeit ist Berufung, kein Beruf!"

bezirkstreuer**vollblutpolitiker**

Die roten Schuhe sind sein Markenzeichen. Man kennt und schätzt sein charmantes Lächeln und seine geradlinige direkte Art. Er ist kein Drumherum-Redner, kein Auf-die-lange-Bank-Schieber und schon gar kein Leere-Versprechen-Macher. Wenn er sich einer Sache annimmt, dann voll und ganz. Was ihm gut und sinnvoll erscheint, darum kämpft er. Hartnäckig, zielstrebig und konsequent. Nicht für sich, sondern immer für die Menschen seines Bezirkes. Und als Bezirksvorsteher, der sein Amt Anfang Dezember 2020 antrat, ist die To-do-Liste seit dem ersten Tag seines Dienstes als oberster Leopoldstädter prall gefüllt und schier nicht enden wollend. Über ein paar dieser Projekte möchten wir gerne Näheres erfahren. Aber alles der Reihe nach.
Alexander Nikolai, der 1970 in einem Rettungswagen irgendwo im Nirgendwo mitten auf einer Donaubrücke das Licht der Welt erblickte, hat seit damals so ziemlich alles in ein Leben gepackt, was reingeht. Aufgewachsen in der Brigittenau, wo er sich schon früh für Fußball und Leichtathletik begeisterte, wollte er zuerst Tischler werden. Da leider keine Lehrstelle zu bekommen war, wurde kurzerhand Plan B in die Tat umgesetzt und der ehrgeizige junge Mann begann eine Kochlehre. Er schloss seine Ausbildung erfolgreich ab und arbeitete sich bis zum Küchenleiter, in späterer Folge sogar bis zum zweiten Küchenchef eines japanischen Restaurants hoch. Irgendwann 1995 kam ihm von einem Stammgast zu Ohren, dass die Wiener Linien Buslenker suchten. „Sechs Wochen später bin ich im Bus gesessen", erzählt uns der Bezirksvorsteher, der in seiner Buslaufbahn unter anderem auf 27 Rundlinien und sechs Nachtbuslinien unterwegs war. 1996 ging dann die wohl wichtigste Tür seines Lebens auf. Weil man im Betriebsrat der Wiener Linien auf der Suche nach einem kommunikativen Mitarbeiter als Bindeglied zur jungen Belegschaft war, sprach man ihn kurzerhand an und Alexander Nikolai fand so den Weg in die Gewerkschaft sowie die Funktionärswelt der Sozialdemokratie. Bereits ab 1998 engagierte er sich auch in der Bezirkspartei.

Vom Sektionsleiter der SPÖ über den Beginn seiner Arbeit als Bezirksrat bis hin zum Parteisekretär und Geschäftsführer der SPÖ Leopoldstadt lernte er alle Stationen eines Lokalpolitikers kennen. Der Sieg bei den Gemeinde- und Bezirksvertretungswahlen 2020 hievte ihn schließlich in das oberste Amt der Leopoldstadt. Was ab dann geschah, klingt rekordverdächtig. Zahlreiche kleinere und größere klima- und sozialpolitische Maßnahmen wurden umgesetzt oder zumindest gestartet. Eines der Highlights ist hier sicherlich der Beginn und rasante Fortschritt der Kompletterneuerung des Pratersterns mit umfangreichen Baumpflanzungen und Begrünungsmaßnahmen, automatischer Bewässerung, Sitz- und Ruhezonen sowie einigen ober- und unterirdischen Kunst- und Lichtinstallationen. Nach dem Abriss des Dusika-Stadions entsteht an dieser Stelle die neue Sport Arena Wien, eine Multifunktionsanlage mit drei Hallen für Turnsport, Fitness sowie zahlreiche Ballsportarten und bis zu 3.000 Sitzplätzen. Gleich nebenan am Handelskai, unweit des Stadion Centers, entsteht weiters auch ein moderner Fernbus-Terminal, der laut Stadt „eine Visitenkarte für Wien und ein Impuls für die Umgebung" sein soll. Highlight der ersten Amtsperiode des Vorstehers wird mit Sicherheit auch der „Mega-Rad-Highway" sein, der von der Reichsbrücke kommend, über Lassalle- und Praterstraße führend, bis zur Urania und dann weiter in die City verlaufen wird. Auch hier kann Wien von einem urbanen Statement der Extraklasse sprechen. Aufmerksam lauschen wir den Ausführungen zu vielen weiteren Projekten und Initiativen der Leopoldstadt. Ganz klar im Fokus der Arbeit des Bezirksvorstehers und ausgebildeten Mediators stehen die Bereiche Bildung, Jugendarbeit, Gesundheit und Sport. Diese in jeglicher Hinsicht auszubauen und zu fördern, steht für den ehemaligen Kicker und späteren Trainer einer Frauenfußballmannschaft noch ganz oben auf seiner Liste. „Es macht Spaß, für den Bezirk zu arbeiten. Genau hier wollte ich hin und genau hier will ich für die Menschen der Leopoldstadt da sein", strahlt Alexander Nikolai, dem wir für seinen ambitionierten Weg alles Gute wünschen.

BV Alexander Nikolai

zehn**zwanzig** - Bezirksamt Karmelitergasse

Prater

Die Leopoldstadt ist der 2. Wiener Gemeindebezirk und liegt im Herzen Wiens auf einer Insel zwischen Donau und Donaukanal. Der Bezirk hat eine Gesamtfläche von etwa 19 Quadratkilometern und grenzt im Westen an die Bezirke Innere Stadt (1.), Landstraße (3.) sowie Alsergrund (9.), im Norden an die Brigittenau (20.), südlich an Simmering (11.) und jenseits der Donau an die Donaustadt (22.). Die Leopoldstadt setzt sich aus den alten Vorstädten Leopoldstadt, Jägerzeile sowie Teilen von Zwischenbrücken zusammen. Die Bezirksteile aus der Gründerzeit: Karmeliterviertel, Rembrandtviertel, Afrikanerviertel, Volkertviertel, Alliiertenviertel, Stuwerviertel und Czerninviertel sowie das Pratercottage. Moderne Bezirksteile sind die Krieau, das Nordbahnviertel, das Viertel Zwei und der Freudenauer Hafen. Als Zentrum des öffentlichen Verkehrs gilt der Praterstern. 56 Prozent der Bezirksfläche sind von Grünland oder Gewässer bedeckt, während 23 Prozent Bauland und 21 Prozent Verkehrsflächen darstellen. Aktuell leben im neuntgrößten Bezirk Wiens zirka 105.000 Menschen.

wüstenrot
ÖBB
WIENER LINIEN

„*Die österreichische Hauptstadt versprüht einen kleinstädtischen Charme gepaart mit viel Kunst, Kultur und Geschichte*“, schrieb das GEO-Magazin online, als sich Wien im Jahr 2022 wieder den Titel als lebenswerteste Stadt der Welt zurückeroberte. Neben schmucken Kaffeehäusern und prunkvollen Boulevards war aber auch die funktionierende Infrastruktur unserer Stadt mitentscheidend für den Erfolg. Der öffentliche Verkehr spielt hier eine ganz zentrale Rolle. Mit dem Praterstern als modernem und dynamischem Verkehrsknotenpunkt trägt auch die Leopoldstadt ihren Teil dazu bei und sorgt für raschen und bequemen Transport in alle Himmelsrichtungen. Inmitten eines großen Kreisverkehrs treffen sich hier U-Bahn, Schnellbahn, Straßenbahn, Bus sowie Regionalzüge und lassen das Ganze dabei auch noch gut aussehen. Aktuell investieren Stadt und Bezirk in Begrünung, Sicherheit und Ästhetik des Pratersterns.

Wussten Sie übrigens, dass Sie mit der Buslinie 79A oder 79B bis zum Kraftwerk sowie zum Hafen Freudenau kommen? Oder mit der Straßenbahnlinie 1 direkt bis zur Spenadlwiese, Rotundenallee und Prater Hauptallee? Ganz bequem bringt Sie der 77A bis vor das Stadionbad oder das Ernst-Happel-Stadion – und wenn Sie wollen sogar direkt bis zum Lusthaus.

„Die Leopoldstadt war ein perfekter Lebensort für uns!"

Alles, was Sie hier sehen, ist echt. Das Lächeln, die Liebe und ein einzigartiges Familiengefühl, das einen beim Betrachten unweigerlich in seinen Bann zieht. Und eigentlich könnte dieses Bild hier auch ganz für sich alleine stehen. Ohne Begleittext. Ohne Erklärung. Es würde genau so wirken und erzählen. Für dieses Bild mussten wir übrigens auch gar nichts einrichten oder zurechtrücken – alles war dort, wo es hingehörte. Alles war so, wie es sein musste.
Wenn Sie dieses Buch in Ihren Händen halten, dann sind diese vier Menschen hier längst über alle Berge. Auf und davon. Haben Wien und die Leopoldstadt hinter sich gelassen und sich mit Sack und Pack, Kind und Kegel und jeder Menge neuer Ziele im Gepäck aufgemacht, um sich neuen Herausforderungen zu stellen. Für uns ist die Geschichte dieser Familie deshalb so spannend, weil sie uns tiefe Einblicke in ihre Wien-Zeit gestattete. Sie hat uns gezeigt, dass es auch als Lebensabschnittswiener möglich ist, eine tiefe und innige Beziehung zu dieser Stadt aufzubauen. Eine Liebe, die bleibt. Ganz egal, wohin es einen verschlägt. In ihrem Fall ist es Winnipeg. Richtig, wir sprechen von dem Winnipeg in Kanada. Es war ein wohldurchdachter Wegzug. Gut geplant, strukturiert und mit perfektem Timing. Schließlich sind die Zwillingsbuben noch nicht im schulpflichtigen Alter. Und schließlich ist Winnipeg Roberts Heimatstadt, was schon Grund genug wäre, wieder nach Hause zu gehen. In Wahrheit war es aber ein Jobangebot, das dem engagierten Neurowissenschafter die nächste Karrieretüre öffnen sollte. Nach seinem Abschluss an der Universität von Manitoba, an der er sich seinen Bachelor of Science holte, legte Robert „Bobby" Beattie (geb. 1986) noch ein Doktoratsstudium in Biomedical Sciences im englischen Sheffield nach. Seitdem widmet sich der Familienvater der Erforschung neuronaler Prozesse und deren Auswirkung auf die menschliche Gesundheit. „Ich glaube, dass ich ganz gut in der Entwicklung von kreativen Lösungen bei Forschungsproblemen bin", gab sich das kanadische Mastermind bescheiden. Jedenfalls gehört die Welt außerhalb seines Labors zur Gänze der Familie. Neben seinen entzückenden Twin-Boys gehört hier auch noch Cristina dazu. Nicht weniger beeindruckte auch sie uns mit ihrem frischen und charmanten Wesen. Die geborene Venezolanerin ist ausgebildete Architektin und stolze Inhaberin eines Masters in Fotografie sowie visueller Kommunikation. Ihre Fotoleidenschaft lebt Maria Cristina Travaglio (geb. 1985) bei privaten Shootings mit ihrer Familie aus und hält hier gerne so manch lustige Idee bildlich fest. Als das „craziest thing", das sie jemals getan hat, bezeichnet sie ihre Hochzeit mit Bobby bei 20 Grad unter Null. Damals musste ein optimaler Zeitpunkt gefunden werden, an dem die in alle Welt zerstreute Familie zusammenfinden konnte. Und bekanntlich macht ein kanadischer Winter keine Ausnahmen.
Ihre Zeit im zweiten Wiener Gemeindebezirk wird die Familie niemals vergessen. Neben ihren Lieblingsplätzen im Prater, am Donaukanal und im Augarten fühlten sich die Globetrotter aber vor allem eines bei uns: Gut aufgenommen und respektvoll behandelt. Beide schwärmen von der Geräumigkeit der Stadt, gerade im Hinblick auf die Mobilität mit einem großen Kinderwagen für ihre in Wien geborenen Zwillinge. Nicht selten tauschten sie das globige Gefährt gegen ihre Räder und eroberten Bezirk und Stadt auf ihren Drahteseln und mit den Boys am Rücksitz.

Wir wünschen dieser tollen Familie alles Gute und schließen mit den Worten: *„Folks, wherever you live on this planet, enjoy being with your family, take care of yourselves and make your dreams come true. Vienna and the Leopoldstadt will always stay a second home for you. Whenever you feel to visit us again the city will welcome you with open arms. You are part of Vienna. You are part of the Leopoldstadt. Hakuna Matata!"*

Robert Beattie | Maria Cristina Travaglio

zehn**zwanzig** - Schwemmgasse

ZUM GEDENKEN AN ALLE JÜDISCHEN MENSCHEN DIE IN DER LEOPOLDSTADT IHRE HEIMAT HATTEN.
ZUM GEDENKEN AN ALLE, DIE HIER IN SAMMELWOHNUNGEN LEBEN MUSSTEN.
SIE WURDEN AUS IHRER HEIMAT UND AUS IHREM LEBEN GERISSEN.
30.000 VON IHNEN WURDEN DEPORTIERT UND ERMORDET DARUNTER MEHR ALS 1600 KINDER
ZUR ERINNERUNG AN DAS JÜDISCHE LEBEN, DAS DIE LEOPOLDSTADT GEPRÄGT UND AN DIE JÜDISCHE KULTUR, DIE WIEN VIELFÄLTIG BEREICHERT HAT.
STELLVERTRETEND FÜR DIE VIELEN ERMORDETEN, DEREN NIEMAND GEDENKT.
MAX EDELSTEIN
ANNA GEFNER
ROSA STERN
DEPORTIERT 1942 THERESIENSTADT
FRIEDA EGERT
DEPORTIERT 1942 MALY TROSTINEC ERMORDET AM 9.10.1942
ERNESTINE (THERES) KAHN
DEPORTIERT 1942 THERESIENSTADT ERMORDET IN AUSCHWITZ IM MAI 1944
EGON AUFRICHTIG
7.3.1922
ERSCHOSSEN IN ZASAVICA-SABAC AM 12.10.1941
BETTY KOHUT
12.4.1877
DEPORTIERT 1941 NACH KIELCE
REGINA KOHUT
17.10.1907
DEPORTIERT 1941 NACH KIELCE
AUSGANGSPUNKT WEG DER ERINNERUNG DURCH DIE LEOPOLDSTADT
SCHLOIME SCHECHNER
DEPORTIERT 1942 NACH MALY TROSTINEC ERMORDET AM 6.6.1942
DEBORAH SCHECHNER
DEPORTIERT 1942 NACH MALY TROSTINEC ERMORDET AM 6.6.1942
JULIE SINGER
DEPORTIERT 1942 NACH THERESIENSTADT TOD AM 3.11.1942
MARTHA WAHRINGER
DEPORTIERT 1942 NACH MALY TROSTINEC ERMORDET AM 18.8.1942
SIGFRIED MAYER
8.1.1871
DEPORTIERT 1942 NACH THERESIENSTADT TOD AM 22.6.1943
GISELA BIRNBAUM
19.2.1875
DEPORTIERT 1942 NACH THERESIENSTADT TOD AM 5.2.1943
VALERIE POLLITZER
26.7.1882
DEPORTIERT 1942 NACH THERESIENSTADT DEPORTIERT NACH AUSCHWITZ ERMORDET 1944
LEOPOLD POLLITZER
11.8.1873
DEPORTIERT 1941 NACH LAGOW-OPATOW ERMORDET 1942 IN TREBLINKA

Der Namensgeber des Bezirkes war alles andere als ein Judenfreund. 1669 ordnete Kaiser Leopold I. die Vertreibung der Juden aus Wien an, woraufhin hunderte Menschen die Stadt verlassen mussten.
Anfang des 20. Jahrhunderts war Wien ein wichtiges Zentrum jüdischen Lebens in Europa. In Wien lebende Juden waren federführend in Kunst, Kultur, Wirtschaft und Medizin. Sie waren Wissenschafter und Ärzte, Politiker und Journalisten, Professoren und Intellektuelle, Musiker und Literaten.

1938 lebten an die 200.000 Juden in Wien, bevor sie vom Wahnsinn des Nationalsozialismus erfasst und fast zur Gänze ausgelöscht wurden. Heute leben weniger als 10.000 Juden in Wien.
An vielen Orten in unserer Stadt, so auch zahlreich in der Leopoldstadt, finden sich gut sichtbare Zeichen für jüdisches Leben und das unfassbare Leid, welches das Hitler-Regime über die Menschen brachte. Zeichen der Erinnerung, die sich für immer in unsere Herzen und unseren Verstand einbrennen sollen, um ein Vergessen zu verhindern.

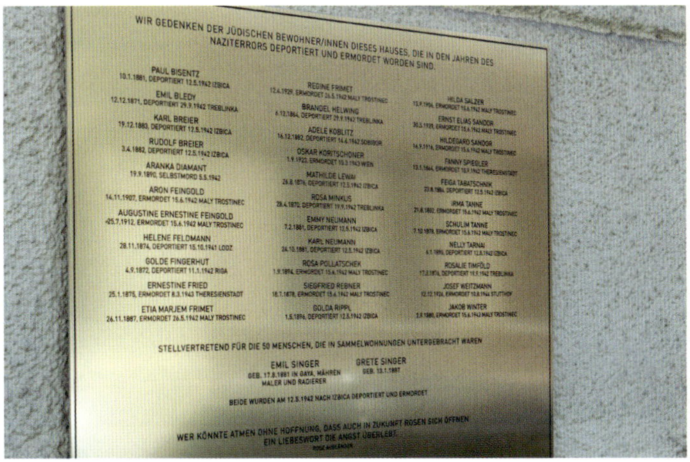

Lebensraum für alle. Die Leopoldstadt boomt als hipper Bezirk.
In den knapp 5.000 Gebäuden der Leopoldstadt leben aktuell insgesamt etwa 105.000 Menschen. 23 Prozent davon im öffentlichen Wohnbau und hier vorwiegend in einer der 10.000 Wohnungen in den fast 100 Gemeindebauten des zweiten Bezirkes. Weitere 39 Prozent der Bevölkerung wohnen in Privatmiete und etwa 16 Prozent verfügen über Eigentumswohnungen bzw. -häuser. 8 Prozent leben in einer Genossenschaftswohnung und der Rest in anderen Wohnsituationen. Das Stadtentwicklungsgebiet am ehemaligen Nordbahnhof wird bis zum Jahr 2026 weiteren 20.000 Bewohnerinnen und Bewohnern neuen Wohnraum bieten. Und nicht zu vergessen wären hier noch die 10 Kleingartenanlagen im Bezirk mit insgesamt 1.835 Parzellen. So vielfältig findet hier Leben statt.

DONAUPFEIL
SCHÖNBRUNN
AUSTRIA

Zwei im Zweiten.
Eins plus eins ist mehr.
Die Vielfalt der Gemeinsamkeit.

Die Orte in der Leopoldstadt, an denen sich Gläubige aller Konfessionen ein Stück näher zu Gott fühlen und sich friedlich in ihren Gemeinschaften oder ganz für sich selbst zum Gebet treffen, sind so mannigfaltig wie die Glaubensrichtungen selbst. Ob Morgengebet, Eucharistiefeier oder Freitagsgebet, ob Mullah, Priester, Pastor oder Rabbiner, ob Kirche, Moschee, Tempel oder Pagode – hier im Zweiten treffen wir sie alle.

Tipp: Werfen Sie doch mal einen Blick in die Serbisch-Orthodoxe Kirche in der Engerthstraße 158. Die Kirche wurde in einer ehemaligen Straßenbahnremise errichtet und bietet ein faszinierendes Interieur. Staunen garantiert!

„Niemals in der Welt hört
Hass durch Hass auf.
Hass hört durch
Liebe auf!"

Buddha

G gewässer**vielfalt**

„Wasser ist die treibende Kraft der gesamten Natur!"

Leonardo da Vinci

gewässer**vielfalt**

Tröpfeln. Plätschern. Tosen. Stadt am Strome.
Seit jeher gilt Wasser als eine Art magischer Anziehungspunkt für den Menschen. Und kaum anderswo ist dies wohl so spür- und erlebbar wie hier im Zweiten. Donau und Donaukanal bilden eine natürliche Insel, auf der alles zu finden ist, was die Stadt zu bieten hat. Eine urbane, farben- und lebensfrohe Durchmischung aus Mensch, Natur, Business und Entertainment. Durchzogen und umrahmt von fließenden und stehenden Gewässern unterschiedlichster Größe und Dynamik. Ob tosende Wassermassen, die sich mit Urgewalt ihren Weg durch Kraftwerksturbinen bahnen, oder idyllisch-verträumte Tümpel – in der Leopoldstadt spiegeln sich die unterschiedlichen Gesichter der Stadt in den Wasseroberflächen des Bezirkes.
Wir laden Sie ein, sich ein Plätzen an den „schrägen Wies´n" am Donaukanal oder den Ruhe- und Grünzonen entlang der Donau zu suchen. Tauchen Sie ein, paddeln und plantschen Sie, werfen Sie ganz entspannt von einem der Ausflugsboote einen Blick an Land oder genießen Sie einfach Ihren Kaffee oder ein kühles Blondes an den Ufern der Stadtströme. Wer die Wahl hat, hat hier sicherlich keine Qual. Wasser ist Genuss. Wasser ist Leben.

kochbegeisterter**hafenmeister**

Michael Schopfs Urgroßvater war bereits als Binnenschiffer auf der Donau unterwegs und auch den Großvater zog es hinaus aufs Wasser. Als Oberlotse war dieser auf der Hebe, einem Schaufelraddampfer der Ersten Donau-Dampfschiffahrts-Gesellschaft, beschäftigt. Das Bemerkenswerte an diesem Schiff war, dass es das letzte Exemplar mit oszillierender Dampfmaschine war, welches für die DDSG gebaut wurde. Michaels Vater schließlich war als Schlepplotse tätig und natürlich hatte auch Michael, der 1969 in Wien geboren wurde, selbst nie einen Zweifel daran, einmal auf einem Schiff zu arbeiten. Nach Abschluss der Pflichtschule begann Michael eine Binnenschifferlehre bei der DDSG in Korneuburg, welche insgesamt zwei Jahre dauerte. Während im Herbst und Winter fleißig Theorie gelernt wurde, durfte der Schiffsjunge im Frühjahr dann endlich Praxis an Deck sammeln. Nach Abschluss seiner Ausbildung arbeitete Michael als Matrose auf Ausflugsschiffen und genoss seinen schwimmenden Dienstort auf der Donau in vollen Zügen. Insgesamt war er neun Jahre lang – größtenteils zwischen Wien und Passau – unterwegs. 1997 wechselte er schließlich in den Hafen Wien und erinnert sich heute noch lebhaft an seine ersten Jahre: „Ich habe beim Autoumschlag begonnen", erfahren wir von Michael, der tausende nagelneue Autos von den Schiffen fahren durfte, um sie für die Auslieferung an die Händler fertig zu machen. Als er erfuhr, dass man auf der MS Eisvogel noch einen Matrosen suchte, bewarb er sich kurzerhand auf dem imposanten Eisbrecher, der für die drei Hafenbecken Freudenau, Albern und Lobau zuständig ist. Insgesamt bringt die gigantische Eiswürfelmaschine, bei einer Länge von 32 Metern und einer Breite von sechs Metern, 80 Tonnen auf die Waage. Bis zu 12 Millimeter dicker Stahl schützt den Rumpf vor messerscharfen Eiskanten. Um diesen Koloss bewegen zu können, bedarf es des großen Schiffspatentes, welches Michael 2011 erfolgreich erwarb. „Zum Großteil muss man aus Gesetzestexten lernen", erfahren wir von ihm und verneigen uns respektvoll vor allen Menschen, die dieses Schiff steuern können und sich damit wagemutig auf bis zu 60 Zentimeter dickes Eis hieven. Als Hafenmeister hat Michael aber sonst auch noch jede Menge zu tun. Gemeinsam mit seinen Kollegen sorgt er für Ordnung im Hafen, was unter anderem auch die Reinhaltung der Gewässer und des Hafenbeckens sowie die Kontrolle anlegender Schiffe betrifft. „Ich bin so eine Art Hilfssheriff", lacht Michael, der auf den Schiffen nach dem Rechten sieht. Ein wichtiger Teil seiner Arbeit ist auch die Hochwasserbetreuung der Häfen. Ein gigantisches Hochwassertor, das regelmäßig kontrolliert und gewartet werden muss, verhindert Überschwemmungen am Hafengelände. „Das Schönste an meinem Job ist es, draußen im Freien am Wasser sein zu können", erzählt uns Michael, der verheiratet ist und einen Sohn hat. Die Freizeit verbringt die Familie unter anderem auch gerne in ihrem ungarischen Ferienhaus. „Meine Frau ist Ungarin", sagt Michael, der stolz darauf ist, dass sein Sohn zweisprachig aufwachsen kann. Der Kapitän liebt es, zu kochen und zu grillen, und beschäftigt sich außerdem seit einiger Zeit mit sogenannten 5D-Bildern. Hier beweist der handwerklich begabte Hafenmeister beim Verkleben von kleinen bunten Glassteinen, die in ihrer finalen Komposition wahre Kunstwerke ergeben, auch seine kreativen Fähigkeiten beim Diamond Painting. Am liebsten hört der Science-Fiction-Fan dazu Star-Wars-Hörbücher. Michael, der in der Leopoldstadt aufgewachsen ist und bis heute hier lebt, schätzt am Bezirk besonders „das Wasser rundherum". Zum Glück gibt ihm sein toller Job die Möglichkeit, „sein" Element täglich aufs Neue erleben zu können.

J. Michael Schopf

zehn**zwanzig** - Seitenhafenstraße

„Ich bin am
Wasser
aufgewachsen!"

Der Strom kommt aus der Steckdose. Das wissen wir! Aber wie kommt er dort hin? Nun, zumindest ein Teil davon stammt aus der Leopoldstadt oder besser gesagt aus dem Donaukraftwerk Wien-Freudenau. Dieses sogenannte Laufkraftwerk befindet sich exakt am Gewässerkilometer 1.921,05 des Donaustromes. Eigentümerin und Betreiberin des – in der Zeit von 1992 bis 1997 errichteten und 1998 in Betrieb genommenen – Wasserkraftwerkes ist die VERBUND Hydro Power GmbH.
Zur Stromgewinnung nutzt man das natürliche Gefälle der Donau sowie deren Strömungsgeschwindigkeit. Zusätzlich wird das Wasser aufgestaut, wodurch sich ein Gefälle ergibt. Mit einer durchschnittlichen Fallhöhe von 8,6 Metern trifft das Wasser gezielt auf insgesamt sechs Kaplan-Turbinen, welche mit 7,5 Metern Laufraddurchmesser zu den größten Turbinen Europas zählen. Sechs Synchrongeneratoren wandeln schließlich die mechanische in elektrische Energie um. Jährlich werden so etwa eine Milliarde Kilowattstunden Strom in der Leopoldstadt erzeugt.

Laut einem Bericht des European Network of Transmission System Operators for Electricity (ENTSO-E) wurden 2017 im Kraftwerk Freudenau 816.931 Tonnen CO_2 eingespart. Eine Wanderhilfe, die im Bereich Donauinsel eingebaut wurde, ermöglicht Fischen die einfache Umgehung des Kraftwerkes.

„Wir können den Wind nicht ändern, aber die Segel anders setzen!"

„Das Leben ist jetzt, nicht morgen!"

„Es ist erfreulich, daß der schon längst auch außerhalb Oesterreichs und sogar jenseits des Oceans populär gewordenen ‚Hymne der Stadt Wien' nunmehr endlich auch ein ihr würdiger Text unterlegt ist", schrieb die Presse jubelnd, als Franz von Gernerth 1889 endlich eine allseits entsprechende Textversion zu Johann Strauss´ Walzer „An der schönen blauen Donau" beisteuerte. Die Uraufführung dieses Musikgeschenkes fand übrigens bereits 1867 statt und zwar im Saal des Dianabades in der Leopoldstadt. Und genau an dieser „schönen blauen Donau" haben diese beiden Wasserpolizisten, die uns freundlich zum Gespräch am Leopoldstädter Handelskai empfangen, ihre berufliche Heimat gefunden. Die Dienststelle der „Polizeiinspektion Handelskai/Wasserpolizei" liegt nur einen Steinwurf vom Donauufer entfernt. An der kleinen Anlegestelle in unmittelbarer Nähe stehen zwei voll einsatzbereite Polizeiboote. „Am liebsten bin ich mit dem Boot auf der Donau unterwegs", strahlt Revierinspektorin Sarah Knippitsch, die zum Zeitpunkt unseres Gespräches kurz vor Beendigung ihrer Ausbildung zur „dienstführenden Beamtin" steht. Laut Website des BMI gilt der positive Abschluss der sogenannten E2a-Ausbildung als die Tür zur mittleren Führungsebene des Polizeidienstes. Wir sind beeindruckt, ist doch gerade der Job bei der Wasserpolizei, der auch ein umfangreiches technisches Grundwissen verlangt, aktuell eher männlich dominiert. Die gebürtige Grazerin, die 1992 in der steirischen Landeshauptstadt zur Welt kam und dort auch ihre Kindheit und Schulzeit verbrachte, zog es nach ihrer Matura an die Polizeischule nach Kärnten. Nach ein paar Jahren im „klassischen" Polizeidienst packte sie 2020 die Chance beim Schopf und bewarb sich für eine ausgeschriebene Stelle bei der Wasserpolizei. Mittlerweile ist Sarah ausgebildete Polizeischiffsführerin und eine ebenso beliebte wie wichtige Kollegin in der Dienststelle am Donauufer. Dialog und das Gespür für Menschen sind für sie von großer Bedeutung. Ihre Freizeit verbringt Sarah vorwiegend im Freien. Beim Laufen, Wandern, Schwimmen, vor allem aber bei ihren ausgedehnten Spaziergängen mit ihren beiden American Stafford Terriern T-Rex und Tequila findet Sarah ihren Ausgleich zum Polizeidienst. Sich selbst sieht sie als aufgeschlossen, loyal und zielstrebig, was auch ihr Kollege, Kapitän Gruppeninspektor Werner Müller bestätigt. Der 1974 im steirischen Wagna bei Leibnitz geborene Vater zweier Kinder ist eigentlich gelernter Tischler. 1993 zog es ihn aber zur Polizei und wir erfahren, dass er den Großteil seines Polizeilebens in der Leopoldstadt verbrachte. Jahrelang bemühte er sich um einen Job beim ehemaligen Donaudienst, bis es 2003 endlich klappte. Damals ging ein Lebenstraum für ihn in Erfüllung. Heute besitzt Werner ein 10- und ein 20-Meter-Schiffspatent, ein Funkzeugnis sowie das Kapitänspatent für Seen und Flüsse. Wir erfahren von seiner Affinität zum Slawischen und dass er bereits als Jugendlicher begann, Russisch zu lernen. Später am Sprachinstitut der Sicherheitsakademie perfektionierte er diese Sprache. Heute kann er auf der Donau beim Kontakt mit vielen Schiffsbesatzungen sein Sprachtalent gut einsetzen. „Ich liebe den multikulturellen Austausch", sagt Werner und beschreibt die Begegnungen mit den Menschen als stets respektvoll und auf Augenhöhe. Die Arbeit auf der Dienststelle am Handelskai ist abwechslungsreich, spannend und vielseitig und spielt sich jeweils zur Hälfte am Wasser und am Land ab. Während uns Sarah erzählt, dass sie im kommenden Jahr heiraten wird und irgendwann auch nochmals eine Trauung in Las Vegas möchte, erfahren wir von Werner, der in seiner Freizeit übrigens auch Dudelsack spielt, noch von einem großen Traum. Einmal möchte er noch Russland und die Ukraine bereisen – aktuell wohl kaum erfüllbar. Und da fällt uns ein, dass der Musikkritiker Eduard Hanslick den Donauwalzer einst als „wortlose Friedens-Marseillaise" bezeichnete. Mögen die friedlichen Klänge dieses Liedes ihren Wasserweg bis zum Schwarzen Meer finden. Und darüber hinaus.

RevInsp Sarah Knippitsch | Kpt GrInsp Werner Müller

zehn**zwanzig** - Handelskai

„Novara" – woher stammt der Codename der Wasserpolizei?

1849 gewann Feldmarschall Radetzky die Schlacht bei Novara, welche Namensgeber für eine österreichische Fregatte in der Adria wurde. Nach einer Weltumsegelung in den Jahren 1857 bis 1859 und der Auflösung der dänischen Seeblockade 1864 unter Wilhelm von Tegetthoff brachte die Novara im gleichen Jahr Erzherzog Ferdinand Maximilian als Kaiser nach Mexiko. Nach seiner Erschießung im Jahr 1867 holte die Novara seine sterblichen Überreste wieder zurück in die Heimat.

Der Streifenbereich der Wiener Wasserpolizei erstreckt sich auf der Donau von Wien bis Altenwörth über eine Länge von etwa 70 Kilometer, am Donaukanal über zirka 17 Kilometer sowie an der Neuen Donau über 20 Kilometer. Zusätzlich überwacht die Wasserpolizei auch die Alte Donau sowie sämtliche sonstige Gewässer, Teiche und Seen in und um Wien. Dass auch alle Uferbereiche, Inseln sowie Mündungsgebiete samt angrenzenden Landflächen zum Einsatzgebiet der Wasserpolizisten gehören, versteht sich von selbst. Zu den exekutivspezifischen Aufgaben zählen unter anderem die Erhebung bei Schiffs- und Bootsunglücken, die Bekämpfung von Boots- und Umweltkriminalität, Grenzkontrolltätigkeiten sowie Lebensrettungen und Bergungen.

Die Fachinspektion Handelskai ist der Landesverkehrsabteilung Wien zugeordnet. Aktuell sind an die 50 Polizistinnen und Polizisten im Team der Wasserpolizei beschäftigt. Alle sind nautisch entsprechend ausgebildet, das heißt, sie verfügen über Patente zum Polizeischiffsführer, das nautische Sprechfunkzeugnis, Kenntnisse über Schiffsbau und -technik, Rettungsschwimmer- und Erste-Hilfe-Ausbildung, eine Radar- und Gefahrengutschulung, die Ausbildung zum „Umweltkundigen Organ" (UKO) sowie eine Strahlenschutzausbildung.

„Mit Freude und Überzeugung,
mit Respekt und Verständnis an alle
Dinge des Lebens herangehen!"

Hätten Sie jemals gedacht, dass es mehr Antworten als Fragen gibt? Bis zu diesem Gespräch dachten wir das ehrlich gesagt auch nicht. Und selbst jetzt noch, beim Zusammenfassen seiner Worte, staunen wir nicht schlecht und ziehen den Hut vor dieser geballten Ladung an Kompetenz und Eloquenz.

Wie immer treten wir gut vorbereitet und äußerst wissbegierig zu unserem Interviewtermin an. Freundlich empfängt man uns am Eingang zum Besucherzentrum im Donaukraftwerk Freudenau. Herbert Wagner ist selbständiger Kommunikationsberater und im Auftrag der Verbund AG auch zuständig für Führungen durch Europas größtes Stadtkraftwerk am Leopoldstädter Praterspitz. Hier, quasi am südlichsten Zipfel des zweiten Wiener Gemeindebezirks, wird Strom produziert. Genauer gesagt Strom aus Wasserkraft. Und das nicht zu knapp, wie unser Begleiter zu berichten weiß: Pro Jahr produzieren hier sechs Kaplan-Rohrturbinen etwa eine Milliarde Kilowattstunden Strom und versorgen damit an die 300.000 Haushalte. An übersichtlichen Schautafeln und einem detailreich und liebevoll gestalteten Modell des Kraftwerks vermittelt uns Herbert alles Wissenswerte über die Anlage. Von der Projektphase, die er bereits ab 1988 als eine Art „Kraftwerksbotschafter" begleitete, über Architektur und Funktionsweise bis hin zu jeder Menge technischer Daten über das schließlich 1998 in Betrieb genommene Laufkraftwerk werden wir umfangreich und lückenlos informiert. Noch bevor wir unsere Fragen im Kopf zurechtzimmern, überrascht uns Herbert mit seinem schier unerschöpflichen Wissen über das Kraftwerk sowie die anderen Verbundanlagen an der Donau. Besonders erfreut sind wir über seine Bonmots und Ausflüge in die bewegte Geschichte der Stromerzeugung und die Elektrifizierung der Welt. Viele nützliche Zusatzinformationen zu den unterschiedlichen Strömungsbereichen der Donau, die vielfältige Fischpopulation und das eigens für den Fischaufstieg errichtete Ufer-Biotop an der Donauinsel begeistern uns. Wer vermutet, dass ihn bei einer Kraftwerksführung bloß eine knochentrockene Datenflut erwartet, irrt gewaltig.

Herbert Wagner scheint diese Art der Wissensvermittlung aber auch sonst nicht fremd zu sein. Wir erfahren, dass der 1965 in Wien Alsergrund Geborene als Stadtspazierer regelmäßig auf unterschiedlichen Routen durch seine Heimatstadt streift und dabei gerne Interessierte, die über seine Internetseite „Urban Hiking" auf ihn aufmerksam wurden, mitnimmt. Seine persönlichen Hotspots in der Leopoldstadt sind – abseits des Kraftwerkes versteht sich – der Prater, der Augarten, die Sportstätten des Roten Wien rund um das Praterstadion, die Reste der Weltausstellung 1873 sowie die Lokale rund um das Lusthaus und die Galopprennbahn Freudenau. Die Wochenenden verbringt Herbert mit seiner Frau in Ybbs an der Donau und hat auch hier seinen Lieblingsfluss immer im Auge. Auf die Frage, welcher Satz ihn wohl am besten beschreiben würde, meint der Veranstaltungsmanager lächelnd: „Ein Leben für die Wasserkraft!" Ein Satz, den wir nach dieser beeindruckenden Führung nur bestätigen können. Und frei nach Karl Farkas empfehlen wir auch Ihnen an dieser Stelle: „Schau´n Sie sich das an!"

Herbert Wagner

zehn**zwanzig** - Freudenau, Am Praterspitz

MAERSK SEALAND
APL
BEAU 506491
45G1
HLBU 143053
45G1
Hapag-Lloyd
Hapag-

HAFEN WIEN

P&O FERRYMASTERS
45
UNIT45.com
ECS

gewässer**vielfalt**

Wir haben einen echten Hafen in Wien. Und das ganz ohne Meer! Dafür reicht uns die Donau und ein genialer Standort am südlichsten Zipfel der Leopoldstadt. Beim Hafen Wien sprechen wir übrigens von einem sogenannten trimodalen Logistikzentrum – einer Güterdrehscheibe, die an einem Standort an die Verkehrsträger Wasser, Schiene und Straße angebunden ist. Auf einer Gesamtfläche von etwa 300 Hektar sichert diese Trimodalität eine rasche und effiziente Waren- und Güterumverteilung für den Großraum Wien und darüber hinaus. Hier im Zweiten blickt man also mit Stolz auf den größten öffentlichen Donauhafen Österreichs und wenn man vom Wiener Hafen spricht, so sind damit die beiden Frachthäfen Freudenau und Albern sowie der Ölhafen Lobau gemeint. Die Geschäftsaktivitäten des Hafens konzentrieren sich auf die Bereiche Massen- & Schwergut, Hafenbetrieb, Lagerlogistik sowie Autoterminal. Pro Jahr werden in den Häfen über drei Millionen Tonnen Güter umgeschlagen. Dabei werden mehr als 1.200 Schiffe abgefertigt und über 40.000 Kraftfahrzeuge manipuliert. Gigantische Mengen und Massen also, die ohne ein hervorragendes Gütermanagement wohl kaum bewältigbar wären. Mit seinem breiten Dienstleistungsangebot erwirtschaftet die Hafen Wien-Gruppe, eine Tochtergesellschaft der Wien Holding, einen Umsatz von über 50 Millionen Euro. Um die Wettbewerbsfähigkeit des Hafen Wien zu stärken und auszubauen, wurden 2021 beispielsweise über 13 Millionen Euro in die Infrastruktur der Standorte investiert. Eines der Großprojekte war dabei sicherlich das Hafentor Albern. Dieses 30 Meter lange, etwa 14 Meter hohe und 250 Tonnen schwere Wassertor sichert die Hafeneinrichtungen vor Hochwassergefahren.

Auch in puncto Nachhaltigkeit sowie auf dem Wege zur vollständigen CO_2-Neutralität zeigt man im Hafen Wien mit mittlerweile drei leistungsstarken Photovoltaikanlagen, der Umstellung der Lagerhallen-Beleuchtung auf LED, dem Einsatz von E-Fahrzeugen am Gelände oder der Umstellung auf Ökostrom ein hohes Verantwortungsbewusstsein für Umwelt und Natur.

OPEN

gewässer**vielfalt**

Vom mächtigen Donaustrom über naturbelassene Teiche im Prater bis hin zu künstlich angelegten Wasserflächen findet sich in der Leopoldstadt so ziemlich alles, was das wasserverwöhnte Herz erfreut. Die Gewässervielfalt in diesem Bezirk ist atemberaubend und kaum anderswo in unserer Stadt ist man derart nah am Wasser gebaut. Kein Wunder, befindet sich der Zweite doch auf einer Insel und eine solche ist bekanntermaßen nun mal von Wasser umgeben. Dennoch ist es erstaunlich, wie vielfältig Wasser hier auch tatsächlich zum Einsatz kommt. Ob als traditioneller Transportweg, als Ausflugs- oder Erholungsziel, als Lebensraum für die Tier- und Pflanzenwelt, als Trainingsgerät für Wasserratten und -sportler oder als kraftvoller Stromerzeuger – ohne Wasser spielt sich hier in der Leopoldstadt wenig ab.

WIENER STÄDTISCHE
VIENNA INSURANCE GROUP

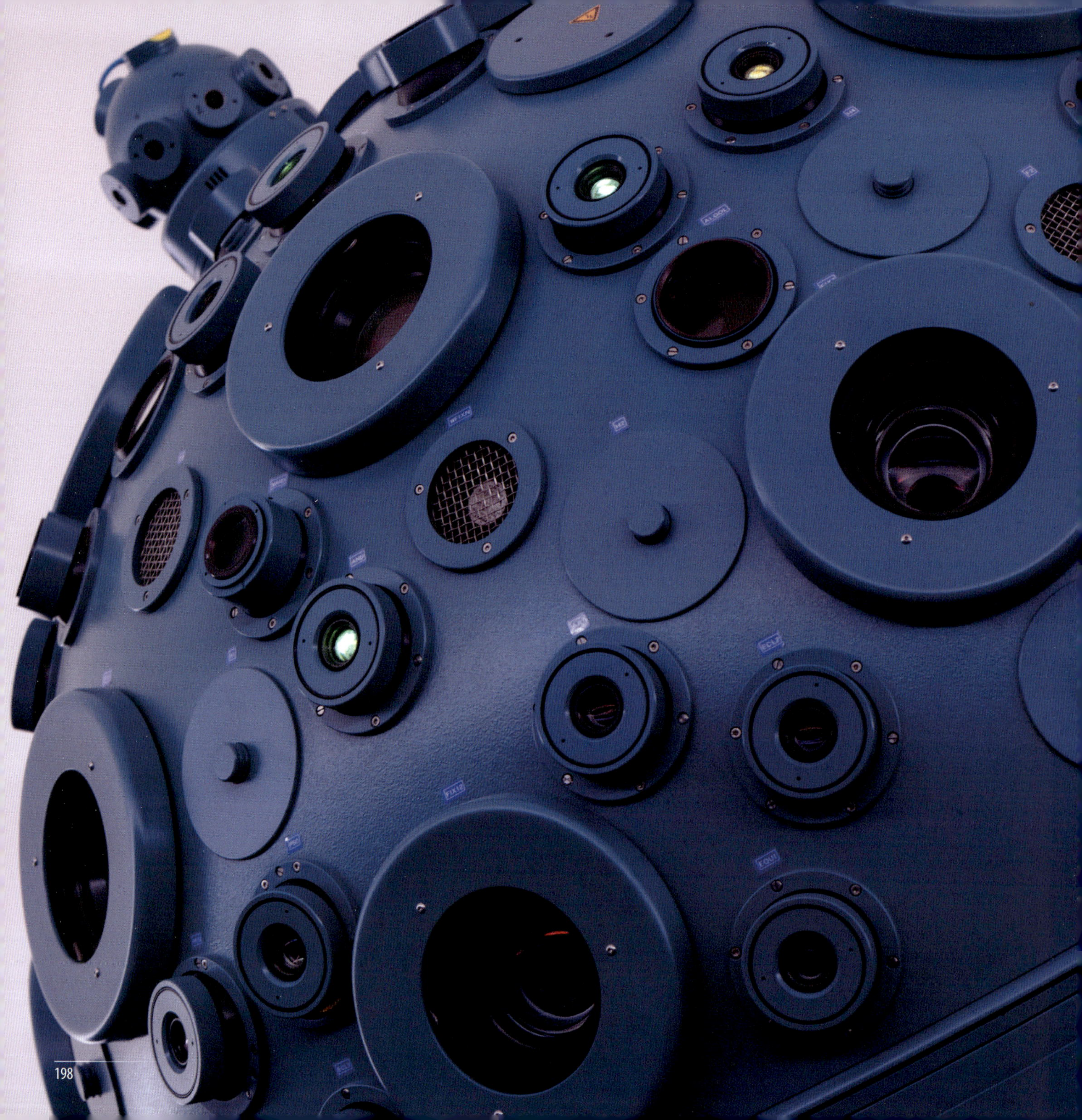

„Ideale sind wie Sterne.
Man kann sie nicht erreichen,
aber man kann sich an ihnen orientieren!“

Carl Schurz

Michael Haitszinger

geb. 1968 in Wien | Kommunikationsberater & Autor

„Die Vorzüge dieser Stadt sind katalogfüllend und man muss sich echt bemühen, den Überblick zu behalten, will man kompetent und möglichst umfassend über das Angebot unserer Bundeshauptstadt berichten. In erster Linie aber schätze ich die Herzlichkeit und Offenheit der Menschen, die mit ihrem leichten Hang zum Morbiden und zum oftmals grundlosen Raunzen unseren Wiener Schmäh auf patscherte und gleichzeitig liebevolle Art in die Welt hinaustragen. Wir sind über die Jahrhunderte hinweg ein zusammengewürfelter Haufen Menschen aus aller Herren Länder geworden, dessen kulturelle und ethnische Viefalt diese so einzigartige Wiener Melange erst ermöglicht. Die Notwendigkeit, sich respektvoll zu begegnen und – trotz mancher urbaner und soziologischer Hürde – Begegnung und Austausch zu fördern, ist Grundtenor unserer Bücher. Gleichzeitig wollen wir aber auch immer wieder die Schönheit dieser Stadt vor den Vorhang holen und zum Teilhaben animieren. Lassen Sie sich begeistern, denn gerne zaubern wir auch Ihnen ein Lächeln ins Gesicht. Und in Ihr Herz."

Klaus Prokop

geb. 1964 in Wien | Berufsfotograf

„Wer sich auf die Leopoldstadt einlässt, wird mit Haut und Haar von ihr verschlungen. Und wer versucht, ihr mit Oberflächlichkeit und Arroganz zu begegnen, wird bereits an ihren Toren abgewiesen werden. Respekt ist hier im Zweiten ein weiser Begleiter. Schon bei den Recherche- und Vorbereitungsarbeiten, welche Motive sich für unseren vierten Bildband eignen, wo man unbedingt hinschauen muss und woran man keinesfalls vorbeigehen darf, wurde klar, welch mächtiges Projekt hier auf uns wartet. Headlines wie Wurstelprater, Auwald, Kraftwerk oder das reichhaltige Kunst- und Kulturangebot ließen ein sehr umfangreiches und seitenfüllendes Werk vermuten. Wie recht wir doch haben sollten. Was folgte, waren wunderbare Shootings, fulminante Fotostrecken und emotionale Momente. Ob inmitten stiller Natur, fröhlicher Ausgelassenheit oder atemberaubender Szenerien – jede einzelne Aufnahme, die den Fotografen in diesem Moment eins werden lässt mit seinem Motiv, verbindet die beiden auf ewig. Intime Zweisamkeit, deren kunstvolles Ergebnis man in diesem Buch bestaunen darf."

CHEIN
Allgemeine Informationen
für Sonnenschein

Der Prater
liebt mich.

zehn**zwanzig** I Leopoldstadt - Mensch & Bezirk

Idee, grafisches Gesamtkonzept und Text: **Michael Haitszinger**
Bezirksbilder und Porträtaufnahmen: **Klaus Prokop**

Fotos der Autoren: Noah Prokop
Luftaufnahme (S.22/23) mit freundlicher Genehmigung des Bundesministeriums für Landesverteidigung, 1090 Wien
Korrektorat: Mag. Eva Gasser MBA, www.gasser-consulting.at
Druck: C. Angerer & Göschl Unternehmensbetriebsgesellschaft & Co, Druckerei, 1160 Wien

Aus Gründen der besseren Lesbarkeit wird auf die gleichzeitige Verwendung der Sprachformen männlich, weiblich und divers (m/w/d) verzichtet.
Sämtliche Personenbezeichnungen gelten im Sinne der Gleichbehandlung generell für alle Geschlechter.

Quellenangaben: wien.gv.at/statistik/bezirke/leopoldstadt | wien.gv.at/statistik/publikationen/wien-in-zahlen | Statistik Austria - Gebäude-, Häuser- und Wohnungszählungen 1951-2001 | de.wikipedia.org/wiki/Leopoldstadt | Stadt Wien - Wiener Wohnen | Wiener Linien GmbH & Co KG | de.wikipedia.org/wiki/Liste Wiener Parks und Gartenanlagen | wien.gv.at/umweltschutz/naturschutz | geschichtewiki.wien.gv.at/Riesenrad | geo.de/reisen/reise-inspiration/wien | wikipedia.org/wiki/Jüdisches Leben in Wien

www.zehnzwanzig.at
Eigenverlag, Wien – 1. Auflage 2022
ISBN 978-3-200-08484-1

freude now

bild**kompass**

Für Suchende und Interessierte!
Um Ihnen das Finden des einen oder anderen Ortes, an dem unsere Fotos entstanden sind, zu erleichtern, hier eine kleine Orientierungshilfe:

S.18	Eckhaus Taborstraße / Karmeliterplatz
S.30	Ballpark Spenadlwiese, Ecke Rotundenallee / Prater Hauptallee
S.36	Circus- & Clownmuseum, Ilgplatz 7
S.40	Bezirksmuseum, Karmelitergasse 9
S.41	Linke Spalte: Bezirksmuseum, Karmelitergasse 9 Rechte Spalte: Wiener Kriminalmuseum, Große Sperlgasse 24
S.42	Linke Spalte: Pratermuseum, Oswald-Thomas-Platz 1 Rechte Spalte: Circus- & Clownmuseum, Ilgplatz 7
S.43	Linke Spalte: Circus- & Clownmuseum, Ilgplatz 7 Rechte Spalte: Porzellanmuseum im Augarten, Obere Augartenstraße 1
S.50	Installation in der Straße der Wiener Wirtschaft
S.51	Linke Spalte: Praterstraße 21, Vereinsgasse 25, verlängerte Teuffenbachstraße Rechte Spalte: Zirkusgasse 11, Donaukanal
S.70	Rudolf-Bednar-Park, Rosenpark, Freie Mitte Nordbahnhof
S.138	Theater Delphin, Blumauergasse 24
S.144	Praterbühne, Prater 121
S.150	Madai aperitivobeisl, Große Sperlgasse 6
S.180	Besucherzentrum des Donaukraftwerks Wien-Freudenau
S.198	Planetarium, Oswald-Thomas-Platz 1
S.204	Eis Liebe, Hauptallee 124
S.206	freude now, Rennbahnstraße 65A
S.208	MBV Mexikoplatz, Mexikoplatz 1

01 RIV-EUROP
81 ÖBB
151 0 137-2
Gbs
13850kg
Frohe Weihnachten